西班牙战场
内 战 见 闻 实 录

〔奥〕弗兰茨·柏克瑙 著

伽 禾 译

人民文学出版社
PEOPLE'S LITERATURE PUBLISHING HOUSE

图书在版编目(CIP)数据

西班牙战场:内战见闻实录/(奥)弗兰茨·柏克瑙著;伽禾译.—北京:人民文学出版社,2017.9
ISBN 978-7-02-013230-0

Ⅰ.①西… Ⅱ.①弗… ②伽… Ⅲ.①西班牙内战-史料 Ⅳ.①K551.52

中国版本图书馆 CIP 数据核字(2017)第 203776 号

| 责任编辑 | 甘 慧　何家炜 |
| 装帧设计 | 汪佳诗 |

出版发行	人民文学出版社
社　　址	北京市朝内大街 166 号
邮　　编	100705
网　　址	http://www.rw-cn.com
印　　刷	上海盛通时代印刷有限公司
经　　销	全国新华书店等
字　　数	150 千字
开　　本	889×1194 毫米　1/32
印　　张	8
插　　页	2
版　　次	2018 年 1 月北京第 1 版
印　　次	2018 年 1 月第 1 次印刷
书　　号	978-7-02-013230-0
定　　价	39.00 元

如有印装质量问题,请与本社图书销售中心调换。电话:010-65233595

是的,很多市民有了武器,可看不到几支来复枪;弹药奇缺,半数枪支都派不上用场;没有火药粉,如何造出子弹?拜林一战胜利后,又硬是守了四个月。如今正相反。昨天进攻,今天撤退;昨天斗志昂扬,团结奋战,今天七零八落,不堪一击。这片矛盾的土地,盛产白面包、鹰嘴豆、好酒和好幽默。西班牙,你还是你!不戴面具,不涂油膏,不会矫饰,离得再远,也能让人一眼认出。你的脸一半虔诚,一半苦笑;一手持月桂枝,一手挠麻风疮。

——贝尼托·佩雷斯·加尔多斯《民族演义》

序　言

本书有两个写作目的。其一是勾勒共和政府阵营政党之演变。已出版的西班牙内战论著多集中于军事行动，报纸亦鲜见此类报道。西班牙内战不是一场普通战争，双方参战人数有限，作战能力有限，是后方的政治态势以及国际形势决定着战场上的胜负。

国际形势不便展开讨论，不等于说将视角局限于本地。写作目的之二是通过与其他国家对比，归纳这场斗争的特征。政党都声称承继了某种舶来的传统，在我看来，这大多毫无根据，而与标榜相符的政党则意味着扎根西班牙土壤尚浅。来西班牙之前，我以为西班牙革命就是像在欧洲发生的"社会主义"与"法西斯"之间的斗争；真正踏上这片土地，才发觉并非如此。

当事人恐怕会对我的阐述皱眉头。我的观点是批判的——并非评判孰是孰非，谁能拿出客观而绝对的标准来做此评判？而是指他们所要达到的目标与实际发展不符，都无胜算可言。战场上终将决出胜负，政治领域恐怕会全军覆没。当事人当然不愿意听到别人说自己会失败。而西班牙民众不属此列。尽管默默无闻，他们却是中坚力量，有底气坚持到最后。

本书记录了我在共和政府辖域的见闻，试图探访佛朗哥辖域，却未能成行。我要对许多人表达感谢，有西班牙人，也有外国人，有军政要员，更有普通人。尤其感谢瑞贝卡·韦斯特[1]小姐和奥德丽·理查兹[2]博士，没有她们帮忙联络，我到不了西班牙；不顾自身安危救出文稿、也救我出狱的朋友们；接受过采访的政党负责人、委员会成员、公务员、将领以及军队政委，均无比耐心，认真回答一个又一个问题——没有你们，也就没有这本书。感谢巴塞罗那的 J. 米拉维特列（J. Miravitlles）先生、马德里的 A. 阿里亚斯（A. Arias）先生以及瓦伦西亚的希达尔戈·卢比奥（Hidalgo Rubio）先生，在你们的帮助下，我几乎走遍共和政府辖域。最后，感谢安达卢西亚的司机和随行护卫（无法知晓他们的姓名），赶来解救被困于空袭中的我，我没想到他们会赶来。这种不顾自身安危挺身而出的精神被无数外国观察者目睹。

巴黎，一九三七年四月九日

---

[1] 瑞贝卡·韦斯特，本名塞西尔·伊莎贝尔·费尔菲尔德（Cicely Isabel Fairfield, 1892–1983），英国作家，笔名取自易卜生剧作《罗斯莫庄》的女主人公。
[2] 奥德丽·理查兹（Audrey Richards, 1899–1984），英国社会人类学家先驱。

/ 目录

/ 一　历史背景

没落的君主制　003

复辟时期　024

普里莫独裁　037

第二共和国　043

/ 二　战时日记，一九三六年

加泰罗尼亚及阿拉贡前线　083

西部及南部前线　119

马德里　143

/ 三　重返西班牙，一九三七年

巴塞罗那　149

瓦伦西亚：中央政府　161

马拉加　177

空中交战　190

危机　192

狱中　196

离开西班牙　211

/ 四　瓜达拉哈拉战役　215

/ 五　结论　229

一

历史背景

没落的君主制

多洛莱斯·伊巴路里——"热情之花",这位巴斯克农妇,工人的妻子,如今是议会代表,比各路政党领导人更能彰显这场革命与一八〇八年民众反抗拿破仑的英勇事迹之间的紧密联系,实可谓西班牙革命的圣女贞德。这场革命深深扎根于历史,可以追溯至十八世纪;我们必须这样回溯,才能懂得当下正发生着什么。

在整个十六世纪以及十七世纪初期,西班牙堪称欧洲霸主,十七世纪上半叶更创造出举世瞩目的文学与艺术,而后迅速衰落。到了十八世纪初王位继承战争期间,成了利益冲突双方——一边是法国,一边是英国和奥地利竞逐的猎物。在这个紧要关头,与贵族和上层教士迥异的西班牙"民众"站了出来,这是他们自中世纪末期以来头一次参与历史。西班牙通常被看成是由贵族一手把持的国家。大多数贵族和上层教士拥护奥地利的查理大公,然而他败北。底层教士和民众拥护法国波旁王室的菲利普五世,他胜利了。然而总和卡斯蒂利亚意见相左、黎塞留时代就有过不服从的加泰罗尼亚却又向菲利普五世宣战。一七一四年，历经英勇抵抗，巴塞罗那被卡斯蒂利亚人攻占，惨遭洗劫。现代西班牙历史的两个主要事实从中浮现：一，因民族危机而爆发出巨大力量的民众与上层阶级势不两立；二，加泰罗尼亚反抗卡斯蒂利亚强权。国际形势也使这结果更加不同寻常。各国组成"大同盟"来对抗路易十四，只有西班牙是例外。留守本国的孤军弱旅阻退了英奥联军。这股惊人的抵抗力源于底层民众，他们与毫无积极作为可言的政权形成鲜明对照。

当时的政治家无视上述事实。战争结束，国家持续衰落。实施了效法法国的改革，如驱逐耶稣会会士，成效甚微。戈雅，这位卓越的画家，原本承继布歇、弗拉戈纳尔一路，描摹愉悦的牧羊风光；当又一场波及全国的灾难降临，这个从前的洛可可牧羊人画出了最惨烈的处决场面。在西班牙，"启蒙时代"仅仅为少数人所憧憬，它从来不是现实。

现代"资本主义"取道法国大革命和拿破仑闯进西班牙。西班牙人不愿效仿邻国的先进制度和"开明"理念，法国人却破坏了民众所珍视的传统，终于引起激烈反抗。

法国首先迫使西班牙与自己结盟，随后接管西班牙舰队，使其在特拉法加角全军覆没，最终占领西班牙（以向被英国占领的葡萄牙进军为由），并缴械、解散军队。各阶层都助了法国一臂之力。部分上层阶级，即"亲法分子"，将其看作是启蒙时代的传授者，欢迎法国的到来；另外一伙，人数更多，憎恨法国，却不敢反抗。国家对日益紧迫的法国专制熟视无睹，民众愤而起义,并在著名的阿兰胡埃斯骚乱中,迫使国王查理四世退位,其无所不能的首相戈多伊也不得不辞职。父子二人受召前往巴约纳(Bayonne),请皇帝拿破仑裁判王位归属。谁知二人被拘捕。西班牙没有了国王。缪拉(Joachim Murat)占领马德里,期盼王冠能戴在自己头上。为促成这一目标,他将皇室剩余成员遭送法国。

西班牙人忍无可忍。在仅仅三名年轻炮兵将士的帮助下——他们也因此献出了生命,马德里民众违背代表缺席国王执政的"中央洪达"(Junta)的明令,突然起义。一八〇八年五月二日,马德里起义失败,民众遭到屠杀。不久,拿破仑的兄长约瑟夫·波拿巴被立为西班牙国王。一切似已成定局。其实这仅仅是开始。被制伏的马德里起义点燃了整个西班牙。七月,取得一场著名胜利。欲进军加的斯的法国将领杜庞(Pierre Dupont d'Etang)途中遭到阻拦,被迫撤退,最终陷入包围,不得不向拜林(Bailén)的农民投降。西班牙将领卡斯塔尼奥斯宣称自己指挥有方。只要看看战场,足以说明真相究竟如何。在那片开阔地上想要包围一支法军可做不到。唯有各个村落全部参与的起义才能够阻断,也的确阻断了退路。组织松散的军队以已被驱逐的国王之名夺回马德里。事实上,不存在真正的政府,第一及第二中央洪达均竭尽所能阻挠民众运动。这是由地方洪达发起的民众运动,它使法军吃到多年来首场败仗。在世界史上这是一个转折点。拿破仑亲自出征西班牙,重占马德里。他一离开起义就再次此起彼伏。英国出面干预了。他们发现与西班牙士兵协同作战实在困难,威灵顿公爵震惊于西班牙将领水准之低,拒绝再次协同。但是,起关键作用的是民众的起义,多采用游击战术,英雄事迹可歌可泣,如赫罗纳保卫战、帕拉福斯领导的萨拉戈萨保卫战。

一七〇七年的事态在一八〇八年重现。与上层阶级意愿相悖,民众点燃了波及全国的绝望之战;一八〇八至一八一四年间的内战使对立愈发尖锐。上层阶级:颓败、堕落,政治上无所作为,在其他各方面也毫无创造力可言。底层民众:狂热,无惧自我牺牲,自发行动,尽管这行动局限于一地,无法在更广层面上发挥积极作用。十九世纪初即是如此,直至今天依然如此。分歧没有消失,反而加深。同其他自认为更加开明的国家相比,这一点为西班牙所独具。笼统而言,在英国、美国、法国以及德国,每一次运动都是由较高阶层发起,再扩散至民众。在过去几个世纪,西班牙的上层运动从未有效深入民心。这是个民众自发反抗贵族、资产阶级、知识分子,在最近几十年间也反抗教士的国家。在一个个更为"现代"的国家,社会主义也笼统吸纳了机器进步观;而西班牙民众一直反抗各种各样的进步和欧洲化,并在遭遇重大历史危机之时充当整个民族的先锋。这一事实显示出西班牙与欧洲的深刻差异。从欧洲角度看,西班牙显得无所成就,很多对当下内战的观察者都带着恐怖印象而返,因眼见硬生生的屠杀,觉得那毫无意义可言,却忘了我们的目标也许不是他们的目标,我们的价值不是他们的价值。十七世纪末,西班牙停住了脚步。历经一段令人惊叹的绽放之后，它是西方文明主干上最早枯萎的一支。在"先进"国家的持续作用下，进入瓦解期，远远未到尽头。在缓慢的解体过程中，原始而自发的底层力量被释放——在进步的西方，民众太多清谈，极少落实——像所有反抗更进步的邻国的落后国民众那样行动起来。西班牙人从前憎恨，现在也憎恨这种强加于人的现代文明，他们反抗了，反抗之激烈唯有西班牙人才能做到。

从那以后，西班牙历史以双线行进着。上层滚动着保守主义、自由主义、社会主义，各种欧洲舶来观念，胜利与挫败的浅表变迁，以上层阶级没落、政权解体为结局。下层，即活生生的民众，逆来顺受，过着与世界主流大相径庭的生活，却在外来势力入侵之时站了出来。眼光放远看，各路政党的成败及社会潮流的兴衰均取决于能在多大程度上与深厚的民众力量融汇；如果做不到，他们就只是哐啷作响的锣钹。

到了十九世纪，尤其是二十世纪，现代资本主义自国外缓慢渗透，巴斯克人、加泰罗尼亚人（自诩西班牙唯一的"欧洲人"）以及极少数其他地区的西班牙人参与其中。民众不得不做些调整，慢慢适应被邻国强加于自己的新型生活。这缓慢的过程也是民众运动转型的历史。但是，没有确凿理由相信这种适应会彻底完成。抵抗仍深深扎根，涌现出的共和主义、社会主义、安那其主义以及"卡洛斯主义"（西班牙特有的抵抗形式）是使现代资本主义融入西班牙观念的尝试，更是使西班牙适应现代的尝试。

流于表面的上层阶级在沉寂四年之后，于一八一二年首次作为一股政治力量重新出现。历经四年空前艰苦的战争，西班牙人疲累了，抗争势头渐退。为了激励民众，加的斯议会召开，开始按欧洲路线改革西班牙。古怪的悖论显现。重建国家所倚仗的正是法国大革命的种种理念。民众运动始终持否定态度，它只有一个目标，即把法国人赶走。其他目标只能是向欧洲借来。保守派因在关键时刻无力应对而不被信任。议会落入自由派手中，他们随心所欲制定法规。有不少条款，如行政区划和征地税，直至今天还有效。两个根本问题，农业问题和教会问题，并没有被正经对待。宪法没来得及经受实际考验。一八一四年，约瑟夫·波拿巴失势，费迪南德归来。他立即废除加的斯宪法，追捕所有参与宪法制定者。

接下来的五十年纷争不断，通常被描述成保守派与自由派之间的斗争。实可谓教会与在反拿破仑战争中崛起的力量——军队之间的权力之争。在此过程中，教会迅速团结一致，一心维护在前拿破仑时代攫取的权力。一些自由派教士也参与了加的斯议会的改革工作。但很快，这样的人不见了踪影。而军队出现分裂，互相攻讦。概括而言，在十九世纪上半叶，军队以自由派居多，但一些最具才干的将领，如纳尔瓦埃斯将军（Ramón Narváez），却是倾向保守。这意味着西班牙的"自由主义"与欧洲的"自由主义"少有相通之处。在西班牙这个词仅仅是指反教权。我们无需详述"自由派"与"保守派"起起伏伏的冗长斗争。但是，不得不说一说教会与军队的演变，因为在今天的佛朗哥叛乱中，正是它们起了关键作用。

十九世纪的西班牙与罗马帝国类似，教会势力因国体衰落而增强。身为天主教狂热信徒的国王，如菲利普二世，懂得如何收伏教会。而在政权式微的十八世纪初以及十九世纪初，教会成了唯一能够召集民众的力量，也因此获得相当大的自主权。在整个十九世纪，教会对民众的慑服显得不容置喙。政权（无论在十九世纪的西班牙所指究竟为何）都不得不为存亡考虑而限制教会势力。一八三七年，首相门迪萨瓦尔（Juan Álvarez Mendizábal）大胆出击，没收教会所有土地资产，并公开出售——有法国大革命的例子在先。这打击了卡洛斯派的反叛势力（卡洛斯派即费迪南德七世的弟弟卡洛斯及其后代的拥护者，反对将王位传给费迪南德之女伊莎贝尔。他们在纳瓦拉根基甚深，那是个仍像中世纪那样生活的省份，从那里发起了两场战争。其典型口号是"国王基督，童贞圣母"。今天，卡洛斯派部队为佛朗哥作战，颇具实力）。从那以后，教会再没拥有大量土地。说教会是西班牙最大的地主并不符实。仅有一小部分土地回归教会所有，但教会和各路宗教团体却积攒下相当多流动资产。今日的教会不是最大的地主，却是最大的资本家，尤其是西班牙耶稣会。这可以部分解释佛朗哥起兵的经济来源，也是教会与民众分离的关键原因。民众决不会远离牢牢守着土地的教会，却能轻易放弃身为本国最富有的股票持有者的教会。

门迪萨瓦尔的举措仅仅是个开始，一次又一次，政权试图限制教会势力,阿方索十三世的强人首相卡纳雷哈斯(José Canalejas y Méndez)更是倾尽全力。教会日趋衰落,越来越松懈于牧灵职责,也不再关心民众,却愈发热衷于利益争夺,尤其是经济利益。底层教士往往愚昧无知,无操守可言,充当本地卫队的帮手,主教则目中无人。如果想理解教会在西班牙社会中的位置,去联想诸如德国、法国、英国等现代国家中存在的现代天主教万万行不通,该去联想在反宗教改革之前,中世纪末期深陷衰败的教会。在整个十九世纪,特伦托大公会议①的大部分决议已失效(决议效力本就微乎其微),相应地,教会失去了对民众的慑服。起初这发生得悄无声息。只要民众依然以古老方式生活,一切看起来便并无改变。但是到了二十世纪,现代生活对民众的影响越来越强,越来越多的人受到教育。面对新出现的工薪群体,教会束手无策。与其形成强烈对比的是态度真诚并且擅于处理现代社会问题的德国天主教会,拥有完善的福利组织、互助及工会组织(在希特勒上台之前)。西班牙教会时不时也试图模仿,却并非出于站得住脚的理由,只是想为保守派选举造势。这些尝试也仅在君主制最后几年间进行,即教会已到了生死存亡的关头。民众拒绝参与这些显然并非真心关切他们,仅仅是顺应当权者发起的变革。教会能够在甚少或全无影响力的国家深入人心,都要对现代生活引发的诸多问题予以积极关注;天主教在西班牙的全面失势,则表

---

① 罗马教廷于1545—1563年在意大利特伦托召开的第十九次普世会议,以改革天主教,对抗宗教改革运动的冲击。

明这不是某个人的责任,只能咎于西班牙天主教制度本身。在十九世纪初,教会可谓收拢着所有西班牙人的灵魂,到了一九三〇年则丧失了有效权威,除了教士和民众联系紧密的那些地区:纳瓦拉和巴斯克地区。今天,一个支持佛朗哥,另一个支持共和政府。两地均是狂热的天主教信区。在纳瓦拉,教士与民众一样,住在祖传的房子里,也像祖辈那样生活,无意去改变以适应现代。在巴斯克——西班牙最重要的工业中心,自古就有捍卫巴斯克语言、对抗卡斯蒂利亚强权的传统,教会也一直与民众联系紧密。在此基础上,巴斯克教会开创了真正的互助及工会运动,开展真正的社会福利工作。这样,巴斯克教会一直与民众协同一致,关系密切的社会主义、共产主义以及安那其主义从未在西班牙冶金工业中心毕尔巴鄂获得真正受众。这清楚表明,哪怕是仅仅做好最起码的牧灵工作,教会的影响力也不会像今天这样孱弱。

西班牙民众放弃了教会,并非由于丧失了民族传统中的宗教狂热,而是因为教会丧失了这一点。对热忱信仰的渴求,似乎没有信仰灵魂就会干涸,寻到了其他渠道——主要以安那其主义的面目出现。西班牙教会则成了某些并无多深信仰的官员实施政治行为的借口。教会仍对财富与权力十分贪婪,佛朗哥与卡洛斯派不乏冲突,这预示着他与教会亦会斗争不断。当然,这不等于说教会和卡洛斯派荣辱与共,也并不与民众间残留的宗教感相矛盾。民众的信仰多与圣像等宗教物件相关,而非一个个教士。教会是反拿破仑战争后古老西班牙最后屹立的势力，其影响力的衰落也就意味着军队的蓬勃崛起。

军队是更为现代的力量。虽然不乏贵族出身的军人，但就属性上说，却并非贵族军队。叛军部队里很少将领是贵族，整个十九世纪获得政治权力的将领中也有相当一部分来自底层。比如大权在握的普里姆（Juan Prim y Prats）几乎一字不识。

军人干政并非西班牙所独有。军队取得主导地位、将领们为掌权而展开激战是没落文明的共同特征，由昔日文明演变来的强权政府成了将领的猎物。你争我夺的将领主宰了衰败的古罗马。一个多世纪里，西班牙与葡萄牙在新世界的大部分殖民地都成了其掌间玩物。他们也主宰了土耳其的转型。他们是过去一百年间葡萄牙的主人，也是西班牙真正的掌权者。自诩时代精神的承载者，是民族福祉最合适的督导人。他们能够占据主宰地位的原因一目了然。没有一支军队会打健全政权的主意——运作正常，并且拥有一套广泛认可的社会制度。它懂得，尽管自己有武器优势，贸然行动恐怕会引得整个民族起来反抗。但是当政府不再履行本职，政权开始瓦解，没有人能够充当公认的领导者时，军队的力量得以凸显，可以宣告拥有治理国家的权力，因为它保有在较好光景时积累下的军事力量，包括军工原料和武器装备。这在文明史上是意味深长的事实，也常常能观察到，先进国家的军事架构易被后进邻国摹仿。从西方角度看，土耳其和俄国拥有相当现代的军队。而且军事架构不易衰朽。作战能力也要相对来理解。中国军人无法对抗欧洲军队，却能左右本国政局。佛朗哥阵营中的德国人和意大利人，以及共和政府阵营中的外籍顾问，都抱怨西班牙军官能力有限，有时甚至缺乏起码的勇气，但是在这一个多世纪里，西班牙军队并非在与外国军队的交战中检验实力，而是在与西班牙同僚和普通民众交战中检验——它经受住了检验。而在一九二一年，甚至摩尔人也能与西班牙军人打成平手！

除教会之外，军队成为左右政权的另一支关键性力量。拿破仑战争期间，各路权威均一蹶不振。战争结束后，国家机构、王室家族以及贵族尽管仍然存在，却始终没能恢复昔日的威望，唯有教会是例外。这也使教会与军队中的自由派势力起了冲突。这支军队势力的一个显著特征是背离民众。卡洛斯派发起的叛乱，只有少数职业士兵，却有广泛民众支持，以及一伙擅长游击战的头目，如卡布雷拉（Ramón Cabrera）。而自由派发起的任何一场政变都没能获得广泛支持。而且，西班牙军队还呈现出为每个军事独裁所兼具的特征，即有一个权力觊觎者的地方总会出现好几个觊觎者。一旦局面演变成靠武力一决高下，总会出现挑战者，认为自己也具备掌权实力。这些与自由派对抗的将领并没有与卡洛斯派的民众运动汇成一路，而是称自己为温和派。因此教会处于有利地位，有两张王牌可打：卡洛斯派和温和派将领。一八一四至一八六八年的西班牙史就是上述势力相互作用、竞相掌权而又乏善可陈的历史。

与此同时，社会结构在慢慢改变。外来资本修建了铁路。自一八四〇年代以后，加泰罗尼亚出现了现代纺织工业。一些农作物出口量增加；一些巴斯克人用西班牙资本创建了银行。

这些新兴的现代力量，带有欧洲特征，服膺自由主义。天平向这一侧倾斜。伊莎贝尔女王的放纵不羁在打破均势上也出了一份力。她对手握权力的将领们青睐有加，而他们在关键时刻倒戈反对她。一八六八年，各路进步力量集结，推翻了王位。普里姆将军，革命军的指挥，封自己为马德里之王。

一片混乱。连表面上的秩序也荡然无存，也完全看不到前景。军队并不希求什么共和国的到来；将领们各执己见，就遴选王位候选人争论不休，王位空了三年。最终召来一位意大利王子，一踏上西班牙的土地就卷入阴谋暗算之中。在他抵达当日，普里姆被一名革命者暗杀。这很有象征意味。一股新力量——真正的革命阶层，踏进西班牙政治。王子对混乱的局面深感厌恶，他离开了，身后落下没有君主的西班牙。一个共和国宣告成立，并非因为哪一路政治势力真有这样的诉求，而是别无选择。官方称其为"第一共和国"，如同王子一样，维持了不到两年。

随着共和国宣告成立，动荡席卷全国。北部，卡洛斯派伺机反叛；更关键的是南部，在安达卢西亚以及穆尔西亚省，安那其起义了。这是他们头一次参与西班牙历史，其影响立竿见影。

安达卢西亚地区的农民自罗马时代晚期以来就是农奴，一辈子为主人的土地劳作，直到十八世纪还在默默忍耐。这么说也许与事实不符。十八世纪安达卢西亚地区强盗活动频繁，最活跃的一群农民投身其中。在民众看来，他们并不是罪犯，相反，他们做的是令人羡慕、值得称赞甚至敬佩的行当。这种强盗传统——无法在现代欧洲的语境下理解，而是要追溯至罗宾汉传统——在西班牙革命运动中一直存在。老式罗宾汉与新式强盗之间的精神传承也体现在巴枯宁——安那其主义的创立者身上。他称赞革命强盗是在替劳苦大众复仇，是反抗精神真正的恪守者。为数不少的贫苦人加入安那其，打响了令人生畏的名号。在西班牙，这些人并不像在西方文明国家那样遭人白眼，而是更接近中国或沙皇俄国所说的革命强盗。在一个本分农民看来，以犯罪行径扰乱自己生活的劫匪，同以抢劫和谋杀来对抗权贵、为民众着想的强盗之间有着深刻差别。劫匪或杀人犯会被扭送至警局，至少也得挨所侵犯之人的冷落；革命强盗则会被当地穷苦人保护起来。进入十九世纪依然如此。后来强盗活动日渐没落，出现了更具城市特征的暴力行为，如暗杀和征缴。西班牙农民和工人没有仰慕其敌人生活的习惯，这甚至仍可在一九三六年的民兵中间观察到。民兵会毫不犹豫地枪毙偷同志靴子的人，却不觉得粗鲁地搜查法西斯者的家有何不妥。民兵把搜出的钱装进自己口袋也不会遭人非议（我认识好几个这样的人）。国民卫队也这样对待穷人，不要说搜查，连开枪也无所顾忌。

老式罗宾汉抢劫行径如何转变为村落间反抗其主人的起义，个中原因值得探究。转变可追溯至一八四〇年代，一方面，与耕作环境恶化、农作物出口的政策促使贵族大肆侵占公地相关，另一方面，则有国民卫队的诞生。卫队在西班牙政治中起着关键作用,或可称为十九世纪最为成功的机构设置。筛选非常严格,不允许成员在其家乡服务或在卫戍区域结婚,集体住在兵营。国家无法倚仗军队,至少还有一支可靠队伍护卫左右,服从上级调遣。这也是一支行事高效的警察力量。正因为如此,为民众所厌恶。国民卫队与农民,尤其是安达卢西亚农民之间积怨甚深,流血冲突始终不断。卫队的出现终结了强盗活动,政权却迎来了起义。

安达卢西亚农奴起义自一八四〇年代以来持续不断,在动荡的一八七三年达到高峰。之前自发而分散的本地农民运动与"第一国际",尤其与其中的安那其取得了联系。这意味着农民运动与初露萌芽的城镇无产者运动融合为一,可谓西班牙人民的第三次起义。前两次起义,即一七〇七年起义和一八〇八年起义,民众奋起反抗上层阶级,分别为了捍卫教会和正统君主,而这一次却是为捍卫切身利益。这次起义是过去五十年间上层阶级及政权持续瓦解的结果。它标志了历史新阶段的开始。

华金·毛林(Joaquín Maurín),西班牙托派领导者及理论家,认为安那其主义在西班牙有如此大的影响力仅仅反映了相较加泰罗尼亚工人而言,悲惨的安达卢西亚农奴人数更多(这个判断被与托洛茨基派毫无共同之处的人们一再引述)。尽管这个观点没有完全背离事实,仍不免失之夸张。早在接触安达卢西亚不识字的农奴之前,安那其就在巴塞罗那扎下了根。巴塞罗那的工人运动自一八四〇年代发端,起初是互助组,后来是半政治化运动，最终演变为工会运动——始终强烈反对权威，并没有形成明确理论。在一八六〇年代与新成立的第一国际接触后，他们立即满怀热情地接受了巴枯宁。新式福音直接取代了从前的天主教信仰（这并非比喻），在一八七〇年代初才借广泛参与的民众起义散播到安达卢西亚。至此，安那其主义在西班牙拥有两个根基，一为农民（安达卢西亚），一为工人（加泰罗尼亚），说一个比另一个更重要并无根据。西班牙政治局势，尤其是工人运动的显著特征，恰恰就是在其他许多方面都迥异的两者之间的紧密协作。

各路左翼人士都对安那其在西班牙工人运动中占据主导地位这一现象十分反感，并且提出各种分析，试图解释安那其为何能比社会主义民众运动早三十年开展，以及屡遭重创，却仍能在一九三六年内战中发挥先锋作用。所有的分析都是贬低。几乎所有的外国观察者都对安那其格外不公。往往带着根深蒂固的偏见而来，并不打算和安那其进行一番接触，宁愿相信其敌人所说的一切；而非社会主义阵营的观察者自然对革命中最残酷的部分看不过眼。我接下来的分析并不是回应上述态度，来为安那其"辩护"。社会学家不必谴责，也不必辩护，这一点本无需强调太多次；社会学家得去理解。安那其主义已经证实无力解决西班牙局势中的关键问题，但是能否真正懂得西班牙局势，很大程度上取决于能否真正懂得安那其主义。

不必回溯太远，安那其自己讲得很清楚。巴枯宁认同无神论，却不接受唯物论阐释。这意味着什么？马克思认为社会变革乃至社会主义是资本主义经济发展的必然结果，也因此认同"进步的资本主义"（包括在资本主义制度内开展议会以及其他政治活动）。而巴枯宁认为社会革命是人们的自发行为，为反抗资本主义世界的道德沦丧。一个等待工业发展和民主活动（不排除运用革命手段）来促使社会革命发生，另一个视社会革命在任何时候都可能发生，只要有革命信念和决断。这种信念和决断，在巴枯宁看来，并非由一小拨职业革命者向民众散播，而是必须从民众中间生发。需要一伙互相协作、富于自我牺牲精神的革命家去推动革命，但是，如果没有革命性的民众，则一事无成。

为何这种理论被西班牙人接受？首先，因为其核心是广大民众自发的革命精神，这种精神无法在先进国家里找到。那里的无产者，巴枯宁说，已变得心平气和、体面以及驯服，敬佩现代资本主义带来的种种福祉；在那些国家，革命已缩成区区一条政治原则，已远离民众的心。巴枯宁对英国的工会组织只是耸耸肩膀。基于对民众心理的敏锐体会，他同样也不信任德国的工人运动（在选举和组织领域初战告捷）；他觉得德国人天生奴性。一八四八年德国人的所作所为并没有打动他。发自内心的革命，巴枯宁认为，会率先发生在那些不仰慕现代文明所带来的种种便利福祉的民族；发生在不沉迷于物质进步的人们中间；发生在私有财产还未被赋予宗教般尊崇的地方；发生在还未被资本主义精神侵袭，视自由高于财富的国家。巴枯宁尤其强调自己——俄罗斯人是这样，而西班牙人更是这样。西班牙工人以及农民如何拒绝得了这样一个人的教诲？他相信西班牙底层民众特有的思维习惯该充当全世界工人运动的范本。

我并非指巴枯宁因为与西班牙人的脾性相合而与西班牙的革命者产生共鸣，但毫无疑问，也再没有第二个外国人对西班牙人说过如此关切的话。巴枯宁对西班牙所发的大部分观点都经得起时间考验，这就是其意义所在（顺便一提，单就这一问题，极为重要的问题来说，后来的历史证实了巴枯宁的话，即革命没有在英国、德国发生，而是在俄国、西班牙发生）。西班牙民众的反抗并非为了在一个资本主义社会谋求更好的生活，而是反抗资本主义本身，反抗资本主义的首次侵袭；并非为了在资本主义高度发展的将来取而代之，而是反抗其在西班牙落地生根的势头。在后来几十年间，工业日益发展，西班牙人不得不做出妥协和适应，却也没有像英国、德国工人那样理所当然地甘心做一名产业工人。在西班牙，认为"越多越好"的美国式思维尚未被引进（在一九三六年，我还听到一个年轻的社会党人说卡斯蒂利亚工人群体的最好品质就是"几乎什么都没有地活着"）。为反抗压迫者，为获得自由而离开自己的村庄的强盗式思维仍胜过工会者思维，后者忍受数月艰苦罢工是为了日子变得富裕。

因此，"自由"是安那其信念的核心。人们把这种"自由至上主义"（"libertarianism"这个混杂词是安那其的自称）归因于西班牙人具有强烈的自我意识，或是自由主义的夸张表达。后一种说法容易辨明,所谓"自由主义"是与特定的资产阶级,尤其与清教徒式观念密切相关,与安那其毫无关系。而前一种说法也站不住脚,恐怕并不存在这样单一的民族性格。西班牙人拥有非常强烈的协作观及组织观,安那其也不拒斥集体行动,那反而是主要行动方式。其实一个事实就足以解释安那其为何如此崇尚自由,即相对而言,安那其甚少关心物质成果取得多寡,那么专制就成了抵制现代工业制度的主要理由,如同反对农奴制一样。

由此也衍生出不同寻常的道德观和法律观,为不偏不倚的观察者所津津乐道。有不少罪犯受人信赖,是安那其成员,这俨然成了难解之谜。受最高理想鼓舞,不吝惜生命,也置个人幸福于不顾的人却与罪犯并肩作战,不受管束也毫无自律性可言的罪犯。没有哪一支欧洲工人运动像安那其这样严肃地对待道德问题,一心想使行动与信念相符,同时,也确实包含较高比例的罪犯。安那其始终拒绝领导人领取固定薪金,强迫他们要么靠双手劳动为生,要么接受同志帮援;同时不拒绝征收,至少从前如此。我们来试着解开这个谜。安那其主义是一场宗教性质的运动,与西方先进国家的工人运动有着深刻差异。安那其并不信奉通过改善底层民众的物质状况来创造一个新世界,而是信奉未被金钱至上以及贪婪污染的民众能以道德力量创造一个新世界。同时,安那其继承了代代积淀下来的罗宾汉传统,相信暴力;不只相信有组织的冲突,更相信这是解决庄稼汉和其主人之间观点分歧的常用手段。安那其坚决奉行直接行动，往往，然而并非总是意味着暴力行动。

几年前，我和一个英国共产党员交谈，他在党内职位很高；他称赞英国工人不会容忍任何形式的暴力——外国水手意欲揭竿而起之际，一旁的英国码头工人总能冷静奉劝，平息事端。我先表示了赞同，又试探着问他是否觉得完全与党的斗争原则相符，他说如果是"有组织的战斗"则另当别论。几年后，一个朋友在图卢兹一间咖啡馆，同一伙西班牙工人坐在一起，阿斯图里亚斯起义爆发的消息传来。西班牙人热血沸腾，向几个法国工人解释："你看，这就是你们与我们的不同。你们是工匠的后代，我们的祖先是强盗。"他们进而联想到西班牙能够武装反抗既有权威。这些西班牙工人是否安那其我不得而知。但欧洲工人运动与西班牙工人运动的整体性差异在这两则轶事中有鲜明体现。

"西班牙落后的思维习惯，自然会在资本主义的进一步发展中克服。"持这种观点的人都相信工业进步。而大多数西班牙底层民众不在乎欧洲人是否觉得他们的观念落伍。他们觉得，尽管也许还未全然意识到，并非因为他们工作的工厂落后，他们的观念也就落后。"落后的思维习惯"恰恰是抵抗工业文明的表现。在十七世纪末，西班牙与西方文明分道扬镳，西班牙人出于本能地反感自那以后的进程。这种反感体现在不愿在现代公司工作，不愿进行高强度重复劳动；体现在操作不灵现代机器，抵触现代式管理；体现在无论是拥有大量土地的贵族，还是大多数工厂主（以及工人）都排斥技术革新。这种反感在贵族、卡洛斯派以及安那其中间都能感觉到。西班牙对现代文明的抵抗可谓根深蒂固，认为资本主义不言而喻的优越的信念完全见不到踪影。资本的扩张，以及工业文明的扩张是可疑的。我们会一次又一次遇到这个问题，这是理解西班牙的核心。

安那其主义正是民众抵抗的表现。倘若全无资本主义侵袭，也就不存在安那其；倘若资本主义精神已全面渗透，安那其也就走到了尽头。这种抵抗，在许多国家只是偶尔发生，在西班牙却激起强有力的运动。这本身就表明试图把西班牙现代化所能取得的成果终究有限。

还有一点需要分析。总体而言，加泰罗尼亚以及巴斯克地区并不像其他地区那样排斥欧洲化，为何加泰罗尼亚工人运动也是完完全全的安那其？我相信，这与加泰罗尼亚本地政治形势有关。资产阶级自十九世纪中叶以来缓慢发展，还未强大到足以在民众中生根，因而民众一直秉持反抗卡斯蒂利亚强权的传统。加泰罗尼亚工人的革命精神，宁愿诉诸武力而非法律，在我看来，正体现了这一传统。在一八七〇至一九〇〇年这三十年间，加泰罗尼亚从卡洛斯主义演变为安那其占据主导。各种反抗强权的暴力行动都得到民众的响应。

我们得回到一八七三年。共和政府面对北部卡洛斯派反叛、南部安那其起义的局势。它决定先镇压社会革命，再处理卡洛斯问题。倘若顺序颠倒，一八七三年的西班牙就会是一九三六年的局面。决定做下，也决定了共和国的命运。在社会革命的威胁面前,军队立即向教会示好,结成联盟,残暴镇压安那其。一八七四年,宣告恢复君主制,阿方索十二世为国王。尽管交战继续,卡洛斯派已构不成威胁。战争以卡洛斯派保全声誉的投降告终。复辟时期开始了。

复辟时期

在阿方索十二世统治期间,以及阿方索十三世即位初期,即一八七四至一九〇二年这二十八年可谓风平浪静。统治阶层、教会、贵族以及军队选择联合,一致拥护国王——恰也是个好人,捍卫现存秩序。不再有政变。要防备将军,也要使民众臣服。这一联合组成的自然是"保守"党,领导人是精明的卡诺瓦斯(Antonio Cánovas de Castillo),把从前的温和派同许多卡洛斯分子以及更早时活跃的大多数自由派汇成一体。而在一八七三年活跃的共和党,背后没有民众支持的一小伙人,分成了两部分。一部分自诩"支持变革",受萨加斯塔(Práxedes Mateo Sagasta)领导,已转为拥护君主制,接受保守党的示好式安排,偶尔出任部长;另一部分受卡斯特拉(Emilio Castelar)领导,宣称恪守共和理念,却从不参与政府,小心避免把所秉持的理念付诸实践。各个活跃阶层的联合——寻常百姓已隐入黑暗——使得世道和平。现代工业以及商业迎来春天,外国人、巴斯克人以及加泰罗尼亚人抓住机会。和平孕育着终将打破和平的力量。

与一八〇八年活跃的那一群人不同，这股新兴力量从心底里服膺欧洲，为实现西方意义上的现代化努力着。头一拨是加泰罗尼亚资产阶级。他们在革命中犹豫不决，成果寥寥，在动荡岁月中却达成了一件事：催生了后来被称为"Fomento del Trabajo Nacional"的团体，即加泰罗尼亚工厂主联合会。在创立之初，它并不关心地区政治。在这一时期，加泰罗尼亚资产阶级亦是一股巩固秩序的力量，也有了丰厚回报：西班牙从自由贸易转为保护性关税，既包括小麦也包括纺织品。这是加泰罗尼亚资产阶级与卡斯蒂利亚以及安达卢西亚地主达成的协议。正因为如此，加泰罗尼亚大资产阶级从未完全支持本地民族主义运动。在一八九〇年代，西班牙其他地区并无工业可言。到了十九世纪末，这些纺织厂主觉得已具备实力，工厂主联合会开始积极介入政治。不久，大资产阶级政党加泰罗尼亚地区联盟组建。其政治诉求是地区自治，而非独立，一如既往同卡斯蒂利亚主要党派合作。领导人弗朗西斯科·坎博（Francesc Cambó）逐渐成为颇具影响力的政治家，他担任工厂主联合会和联盟党的主席，又是西美电气公司主席，经常出任政府部长。多次获得总理提名，却从未当选。作为一个加泰罗尼亚人，他无法见容于卡斯蒂利亚人。对西班牙资产阶级而言实属不幸——最具实力的一支地处偏远，所以西班牙资产阶级才如此孱弱，所以加泰罗尼亚问题才如此关键，稍有疏忽就会玉石俱焚。这难道不是西班牙抵制资本主义的又一表现么？某地区的主导阶级要把国家彻底欧洲化，人们总会怀疑其居心叵测。

在加泰罗尼亚之后，北部海岸投身现代化进程。二十世纪初，新政党纷纷涌现。这一次是真正的欧洲化政党，与只作口头标榜的老自由派完全不同。其中包括在梅尔吉亚德斯·阿尔瓦雷斯（Melquíadez Álvarez）领导的"改革党"，毕尔巴鄂以及其他工业中心的资产阶级代表；在政治诉求上与加泰罗尼亚里加党有所区别，更倾向与中央政府保持同步，并未过多强调本地。稍早前也出现了工人社会党，领导人巴卜罗·伊格莱西亚（Pablo Iglesias）组建了作风温和的工会组织劳工总会（Unión General de Trabajadores）。在西班牙北部，主要是阿斯图里亚斯——易受欧洲影响的地区有广泛支持。他们岂止是温和，甚至可谓懦弱，在方方面面均与安那其形成对比。这不难理解。社会党和劳工总会并非反对资本主义的发展。倘若像西班牙工人那样出身寒苦，孤立无援，不温驯又能如何？劳工总会组织起大多数西班牙矿工。社会党人致力于实现真正的选举（此前的选举一直受内政部和各地权贵操纵），希望能为构建议会打下基础。

在此过程中，他们得到"改革党"和联盟党的大力支持。这两派都认为要想自己主宰政局，得先削弱神职人员、国民卫队首领以及大地主的势力。不久，共和党也以新面貌出现，不再是卡斯特拉这类人物，而是弗朗西斯科·希内尔·德罗里奥斯（Francisco Giner de los Rios）领导，并在共济会和"科学与文学学会"的影响下，逐渐成为一股革命力量。共和党主要有一批马德里知识分子的支持，他们十分希望按照欧洲路线来复兴国家。共和党的勃兴与世纪之交的西班牙文学复兴密切相关，涌现出乌纳穆诺、布拉斯科·伊巴涅斯、华金·科斯塔等许多作家。

资产阶级可以被经济改革措施收买，社会党人懦弱，年轻的共和派作家没有威慑力。如果没有民众再次干预，各路进步力量的联合可能仍然一事无成。然而一九〇二年是民众运动复兴的一年，从那以后再未终止。一八七三年，旧政权解体激发了起义，政权重组后，民众也沉寂下去。随着现代工业的逐步发展，知识与教育的普及，民众获得了力量，能够运用这股蓬勃力量来推动改革。

倚赖地方权贵、神职人员、国民卫队，偶尔也有律师参与运作的旧式政权，只知道一种处理严肃问题的方法：子弹。对如何减轻民众背负的生活重担束手无策，也争取不到资产阶级的支持。一八九八年，西班牙被美国打败，失去了古巴、波多黎各和菲律宾。政权日渐溃塌，间或被军队犯下的屠杀打断——毋宁说就是其解体的一部分。

一系列大型罢工、起义震撼着西班牙，一次比一次波及广泛。一九〇二年，巴塞罗那总罢工；一九〇六年，巴塞罗那再次总罢工；一九〇九年，波及范围广得多，政府丧失了所有信任；也无力应对摩洛哥里夫部落的起义。因为兵力极为缺乏，只好征召新兵入伍。在摩洛哥残忍战争中牺牲的加泰罗尼亚人比卡斯蒂利亚人多，这是卡斯蒂利亚政治家有意而为，还是一次漫不经心的安排？不管怎样，只有加泰罗尼亚籍预备役军人受召入伍。加泰罗尼亚人奋而起义。征兵不得不停止，但起义也被残酷镇压。弗朗西斯科·费雷尔（Francesc Ferrer），一位安那其，也是位教育家，与起义毫无瓜葛，却因批评教会对教育的垄断，被教士所记恨，在巴塞罗那蒙锥克城堡被处决。这激起了全欧洲的抗议，民众运动寻到了一位烈士。从此以后，以往起义中偶尔出现的焚烧教堂成了习惯动作。

旧政权虚弱得很。操纵城市选区的选举结果变得越来越难。在民众运动的压力下，一个个旧党派分崩离析。新党要求改革，愈发坚持。西班牙在西印度群岛败北以后，政治暗杀成了惯例。卡诺瓦斯遇刺，国王惊险逃脱。也有了尝试改革的举措。卡纳雷哈斯与俄国首相斯托雷平类似，也是其同时代人，坚决反对民主，却支持现代化。他遭到教会的抵制，无所作为，终被一名安那其暗杀。政府走投无路，孤注一掷，为了威吓加泰罗尼亚资产阶级，巴塞罗那警察与匪徒联手，策划暗杀，目标是加泰罗尼亚工业及联盟党的领导人，并确保其顺利实施。同时，政府又拿亚历杭德罗·勒鲁（Alejandro Lerroux）的"激进"党来对抗加泰罗尼亚人和安那其。勒鲁早期只在巴塞罗那活动，以暴力行为反对加泰罗尼亚民族运动——彼时对政权构成真正威胁。不少人觉得他可疑，在其"革命"时期即与警察勾结。勒鲁曾被唤作"平行线大街之王"（平行线大街是巴塞罗那底层民众聚集区的干道）。一战爆发，勒鲁的影响力被崛起的安那其削弱。现代文明入侵一个无法消化它的社会，反而促其解体。

　　一战的爆发刺激了国内经济发展，使解体愈发明显。作为中立国，西班牙获利良多。生意从未这样繁荣过。资产阶级和工人的声音愈发响亮，愈发坚持自己的主张。政权又犯下严重错误，同情德国，尽其所能施予援手，出于一支保守势力对另一支保守势力的惺惺相惜之感。协约国岂能错过反抗运动兴起的机会。适逢一次危机，冲突公开爆发。一些军官把一位讽刺军队的漫画家好好教训了一顿。国防部长欲按军纪对行凶者施以处分，却遭到"防卫协会"的反对。这是个秘密军官组织，或有高级将领的默许，如今公开捍卫应被送去审判的同事。突然之间，一切一目了然，妥协是为了重整旗鼓，军队对政府的服从不过是表面功夫。它可以随心所欲行事，可以直接对抗国防部。军队问题，在四分之一个世纪的"进步"过程中看似解决，又显出原形，仍和从前一模一样。"协会"宣布解散，军队却达到目的：国防部长辞职，随即引发内阁人事动荡，终究顺遂军队意愿，组建新内阁。这是一九一七年春的事。自那以后，秘密军官组织一直存在，顶着不同的名字，直到一九三六年以"军人联盟"的名义准备发起反叛。

　　面对目中无人的防卫协会，各路政党毫无招架之力。全面改革、约束军队权力、建立议会制政府、召开制宪会议等要求响彻全国。政府拒绝召开制宪会议，那又意味着一场革命。七十一名议会议员（总共七百六十名议员），大多为加泰罗尼亚资产阶级代表，在巴塞罗那聚集，召开了一场小型制宪会议，受到各地方政府的积极响应。一个月后，事态进一步升级。民众发起第一场涉及西班牙全境的大罢工。这持续了三天，由社会党人和安那其共同领导，双方协同一致，呼吁建立一个共和国。资产阶级选择静观，唯恐对自己不利。后续乏力，单凭中下阶层和工人还不足以推翻君主制，大罢工又被残酷镇压，还未来得及达到成效就被专制终止。

尽管如此，民众依然深受鼓舞。几乎整个国家都被吸引进革命的轨道。君主制已无力回天。彼时对第一共和国漠然的西班牙民众（安达卢西亚地区的起义农民除外）不再袖手旁观。一个新政权呼之欲出，无论是共和国还是法西斯。各路政党也有了深刻改变。斗争过的共和党重燃斗志，社会党人在与更积极、更有决断力的共和党人的协作中也变得大胆，而最深刻的改变发生在加泰罗尼亚民族主义者以及安那其身上。

在大罢工面前，无所作为的联盟党彻底倒向政府一边，坎博不久出任财政部长；它像个马德里的代理人，愈发遭人轻视，加速解体。几年之间，涌现出的新政党都比联盟党更先锋，有些甚至要求建立加泰罗尼亚共和国。一九一七年之后的十年间，加泰罗尼亚又退回到一片政治喧哗中。马西亚上校（Francesc Macià）把彼此类似的小党组成"加泰罗尼亚左翼共和党"，击败了坎博和勒鲁，赢得中下阶层的广泛支持。一小部分工业资本家仍支持坎博的联盟党（愈发亲卡斯蒂利亚，愈发保守，愈发为巴塞罗那知识分子所憎恨）。全体无产者则投向安那其。而乡村依然丝毫不受影响。在普里莫·德里维拉独裁期间，即从一九二三年以后，马西亚在加泰罗尼亚发起多次武装起义，起初并不成功，逐渐获得声誉，成为本地领袖。在坎博与左翼共和党的对峙中，是后者取得胜利，这证明了像在加泰罗尼亚这样终究要倚靠国内市场的工业地区，无法在主张本地政治权利的同时，还任由资产阶级领导。加泰罗尼亚人选择坚持加泰罗尼亚民族主义，与经济发展利益相悖。西班牙资产阶级在最具实力的地区被打败，西班牙现代化进程也因此受挫。

另一方面，安那其往几乎完全相反的方向发展。屡次挫败使安那其懂得，想在西班牙工业地区争取人心，就得试着融入工人群体。如今的安那其既非从前那种一心想摧毁邪恶的资本主义世界的信奉巴枯宁的同盟，也不像其他工人运动那样，满足于在现代工厂制度中活动。巴枯宁的核心信念始终为安那其所秉持，正是在这种信念的激励下去焚烧教堂、焚烧地契，无视军队编制，组建罗宾汉式的民兵组织（在内战之初），"废除国家"的尝试（同样是在内战之初），以及冷酷实施恐怖活动，为扫除地球表面一切堕落之人（所谓"堕落之人"包括所有右翼党人，所有大资本家，所有神甫及其他相关人等）。在秉承一以贯之的信念同时，也涌现出新趋势，主要由两位意志顽强、对政治具有敏锐理解的人所推动：萨尔瓦多·塞古伊（Salvado Seguí）和安赫尔·佩斯塔尼亚（Angel Pestaña）。塞古伊视理想高于一切，未经审判被投入监狱。一九二三年被当街谋杀。佩斯塔尼亚更注重实际，在引入欧洲式工人运动的路上走得太早、太远而毁了本该有番作为的仕途。他抛开原初信念，早在三十年代初就试图把安那其组为政党，参加选举。他组织起一小部分人，最终仍陷入孤立，到今天只是共和党的附属派别。但是在二十世纪初那二十年间，有了这两人的带领，加上众人努力，安那其发展成为能够在现代工业社会发挥力量的组织。一九〇九年总罢工失败后，他们组建了全国劳工联盟（Confederación General de Trabajo），以安那其为核心的工会组织，与社会党组建的劳工总会抗衡。起义和暗杀之外，罢工成了安那其的常规动作，亦使巴塞罗那部分工人的工酬领先全国。尽管如此，全国劳工联盟仍不是欧洲意义上的普通工会。不仅因为安那其信念始终为成员所坚持，更是因为其行动方式与一般工会不同。与劳工总会不同，全国劳工联盟拒绝各种形式的社会保险，甚至不持有罢工经费，而是倚仗后援工人的团结，或倚仗公众舆论。因此罢工往往短促，正因为短促就必须具有爆发力。巴塞罗那从不知道有心平气和的罢工，而是投掷炸弹，或在工厂门前暴动，或是像最近在巴塞罗那发生的公交系统罢工，点燃汽车，沿路滚下——赢得胜利！全国劳工联盟还拒绝与雇主达成协议。在他们看来，罢工目的当然是争取实现更合理的工资和工时，但工人没有达成协议的义务。与雇主的斗争得一直进行下去。这些观点脱胎于法国"工团主义"创始人乔治·索雷尔（Georges Sorel）。他生前却从未发现自己的学说已在西班牙付诸实践。随着全国劳工联盟的组建，西班牙安那其转变为"安那其-工团主义"，竟然成功地存在下来。其他国家的工会运动，例如挪威，也有类似尝试，基于工团理念来开展工会运动，但一段时间后，不可避免地转向典型的工会式思维，和雇主签订协议、保有罢工经费以及社会保险基金，摒弃暴力行动。只有西班牙例外。全国劳工联盟或许是世界上真正的大规模的革命性的工会运动。无论如何，它为此自豪。倘若西班牙无产者也像其他国家的工人一样被"资产阶级化"，可没有成功的可能。但是西班牙不是资本主义世界，西班牙无产者也不可能被资产阶级化。

有了一九一七年大罢工的经验，安那其在适应现代工业方面又迈出新的一步，在一九一九年成立产业联合会，取代从前的同行公会。旧有与新生的组织之间就如同今日格林的美国劳工联合会（Federation of Labour）与刘易斯的产业工会联合会（Committee Of Industrial Organization）那样冲突不断。西班牙情况又更复杂，因为安那其始终主张联邦制（小到不能再小的集体有权决定自己命运），如今，他们依照严明纪律组成庞大的组织。又一次成功了，并未变得像劳工总会那样倾力于改革，排斥暴力。他们沿用安那其的惯常手段，如将罢工与暗杀相结合，比起老式公会胜在更富效率地实施，使资产阶级吓得心惊胆战。一连多年，巴塞罗那深陷暗杀的深渊，死了一个安那其领导人，就会死一个工厂主，秘密警察也脱不了干系，表面上却对暗杀不闻不问。心地最纯粹的人，如杜鲁蒂和阿斯卡索，与职业匪徒一同参与恐怖活动，这最为人诟病，却与巴枯宁的信念相符合。身经百战的全国劳工联盟成了比行政机构还有效的组织。

与此同时,安那其的政治纲领也发生了演变。巴枯宁对政权的断然拒斥在演讲时极具煽动效果,却并不是严肃的政治理念。其实际意义在于,坚决不参与议会——巴枯宁及其追随者相信,那终究难逃"资产阶级化"。而且巴枯宁支持一八七一年的巴黎公社,那毕竟是一种政权组织形式。一八七三年,西班牙安那其在穆尔西亚、阿尔科伊和卡塔赫纳成立公社,抵御常规军一连数月。所有这些犹犹豫豫的观点在俄国革命的推动下汇成一路。在最初阶段,即苏维埃时期,各路社会主义政党还未被恐吓之时,西班牙安那其热切欢迎布尔什维克革命,将其纲领引为自己所用。他们观察俄国革命的演变,最终加入俄国安那其,和马赫诺[①]以及喀琅施塔得的水兵站在一起。"苏维埃"比较贴近西班牙人脾性,那相当于西班牙一直存在的"洪达"或地方革命"委员会",每逢危急时刻都会组建。类似的"委员会"在一九三六年七月遍布全国,安那其也有赋予其政治执行力的打算。

塞古伊死后,佩斯塔尼亚显现出与独裁者德里维拉合作的迹象,一九二七年,伊比利亚安那其联盟(Federación Anarquista Ibérica)组建,来对抗运动中可能出现的"改革"趋势,务必使其维持最初的反抗信念。自那以后,只有联盟成员才可在全国劳工联盟中担任要职。联盟的组建恰恰反映了西

---

① 即涅斯托尔·马赫诺(1888–1934),乌克兰起义军领袖。

班牙安那其工团主义的矛盾之处。要把各种力量组织起来，不只是工会成员，还包括信念坚定的活跃安那其，一面是精锐力量，历经无数战斗、入狱、死刑判决、流亡，最具理想的一群人，一面是资质可疑的危险罪犯，换作是其他政党不要说担任要职，恐怕根本不会接纳这样的人加入。这正是西班牙安那其的本质所在。它是个崇尚道德、追求政治理念的世界，无法用现代欧洲的眼光去衡量。过去十年间安那其的所有改变，仅仅是对现代工业做出的表面顺应，愤怒农民的反抗传统还在骨子里。事实上，现代工业仅被西班牙人浅浅接受。引擎是在那里，看得见摸得着，把引擎制造出来的思维却十分陌生，相伴随的政治制度也是如此。正因为安那其对现代工业适应得浅，才能与民众的心离得近，安那其是民众态度最鲜明的表达。只要是对付本国人，不管是要赢得民众支持，还是与军队、国民卫队或行政机构做斗争，安那其都无往不胜；一遇到由欧洲人操控的飞机、坦克和大炮，则一定溃败。

此刻我们得回到一九一七年，在大罢工失败后，各路反对力量重新积蓄起来，使得政府想赢下一轮倍加困难。但下一轮来得没那么快。这时，国王本人起了关键作用。阿方索十三乐见政权孱弱，这是离间党派的良机。他巧施计谋，散布流言蜚语，不堪一击的议会小团体相继垮台；与其内阁兜圈子，哄诱住掌握实权的军队。在个人专权的路上走得顺畅之时，一九二一年，一场灾难降临。驻守摩洛哥的一位将军不听从中央调遣，然而摩尔人不再是一九〇九年那样与世隔绝的里夫部落，在颇具指挥才能的阿卜杜·克里姆（Abd el-Krim）领导下团结奋战。克里姆抓住机会，把遵从国王建议鲁莽行动的将军打得大败。数小时内，西班牙军队颜面尽失，一万名士兵死在战场上，十五年间所掠夺的一切顷刻丧尽。抗议排山倒海。国王难辞其咎，正是他怂恿西尔维斯特雷将军公然抗命。

从此，阴谋暗算大行其道；各路政党，包括保守派的中坚，都趋于联合，坚持追究国王责任，而国王一直试图离间他们，好借机逃跑。适逢其他国家葡萄酒、柑橘和油橄榄的产量增加，西班牙农作物出口遭遇危机。压力之下，大地主与纺织厂主为保护性关税互惠而结成的协议被打破。他们试图运用政治特权，牺牲工业利益来换取利己的商业协议。调查摩洛哥惨败的委员会成立，待完成报告，交议会审议。不曾想普里莫·德里维拉——国王所选中的独裁者——宣布政变，随即解散议会，没有遭到些许抵抗。

普里莫独裁

一切无法像以前那样继续。至少摩洛哥惨败还历历在目。革命振兴国家的尝试失败，一九一七至一九二三年间制定新宪法的路子也行不通。独裁成了化解危机的唯一出路。军队无法履行保卫昔日帝国领土这个首要职责，政府沦落到与职业匪徒为伍，对付安分守己的公民，各路政党惯于使诈，声誉扫地，人人乐迎独裁。普里莫在极有利于独裁的环境中开始工作。其纲领可用两句话概括：瓦解旧政党；推进现代化。在六年独裁期间，他竭尽所能去实现第二个目标。今天在西班牙所见的现代设施大多都是普里莫时代所建，共和党人往往不愿承认这一点。但凡一条通畅的公路（实有很多条）、小镇里的现代旅馆、重要港口的防波堤、一座现代兵营或一座现代监狱，十件里有九件是在这时兴建。普里莫能够保证兴建所需的外国贷款到位。起初，也得到大工厂主的积极支持（坎博参与筹备政变）。普里莫亦想笼络工人，那不能只靠监狱和子弹。西班牙历史上第一次以建设性方式解决"社会问题"。引入强制性集体谈判，确保工人拿到较为合理的工钱。劳工总会任谈判代表——其他党派均遭打压。伊格莱西亚死后，卡瓦耶罗是公认的领导，入职劳工部。一九二六年，摩洛哥问题得以解决。阿卜杜·克里姆被打败（在法军支援下），山间修通道路，国家实现彻底和平。总体而言，这是头一次把西班牙转变为现代国家的最广泛的尝试，能与之相比的只有土耳其的凯末尔·阿塔图尔克的所作所为。

一时间人人都松了一口气。然而没过多久，正是政权的现代特征引起激烈反抗，也最终促使普里莫下台。即使是强有力的、总体而言也可谓宽和的专制也无法克服西班牙人对现代西方文明发自心底的憎恶。普里莫也没有凯末尔和墨索里尼所拥有的权力，可以制伏来自旧世界的抵抗。

普里莫政权是法西斯吗？它具有或者说它可以凝聚法西斯那种极权吗？绝不是。首先，普里莫没有组织起一场法西斯运动，身后也没有一个包含所有阶级在内的庞大党派的支持。人们消极地容忍，他们当然知道有所作为的政府的好处，但自己并不参与其中；政权本身也包含了无法赢得广泛支持的东西。想把独裁做得富有成效，首先必须倚靠资产阶级和新兴知识分子，普里莫却还得笼络他们天然的敌人——军队和教会。他是军队造就的，也运用军队完成了政变，离开军队就无立足之地。不是公认的军队首脑，也不是功勋卓著的将领，他只是巴塞罗那卫戍区长官。普里莫仅仅得到其他将领的口头支持，并非全无异议。从军队的角度看，他只是众多完成过政变的军人之一。此时可以赢得同僚支持，易时易地就可能丧失。普里莫始终都不具备使军队听令于他一人的实力。拒绝服从命令、秘密结成小团体来谋利,在高阶军人中存在,在低阶军人中也不鲜见。这一危害国家的顽疾肆虐依旧。普里莫不得不哄诱军队,却无法同时哄诱军队和资产阶级。为了使军队保持效忠就必须冒犯后者。任命颇具天赋的年轻人卡尔沃·索特洛(Calvo Sotelo)为财政部长收效甚微,为商业提供一笔笔补贴也无济于事。普里莫终究低估了资产阶级的政治地位,而资产阶级也决不会放弃一切权利,任凭一个军人指手画脚。在加泰罗尼亚问题上,敌对情绪被激化。军队一直秉持唯卡斯蒂利亚中心观(鲜见来自加泰罗尼亚的军官),普里莫的态度也十分强硬。加泰罗尼亚民族主义遭到更为严厉的镇压,甚至到了禁止民族舞蹈和民族歌曲的地步;严禁使用加泰罗尼亚语进行教学,巴塞罗那大学彻底荒废。然而地区自治是加泰罗尼亚联盟党——西班牙最具实力的资产阶级政党的根本主张,否则无法赢得民众支持。面对如此困局,坎博及其追随者对普里莫的热情冷却下来。工业利益与政府相一致,政治利益却与军队截然相反,联盟党犹豫不决,在彻底失去本地民众的信任之后,终于与政权决裂。普里莫鼓励其大力发展工业,这样的政策倾斜又被卡斯蒂利亚人嫉恨。

在对待进步知识分子上更坏。加泰罗尼亚自不必说,马德里也一样。因为独裁不得不依靠进步知识分子的死敌——教会。无法想象一个建基于军队又有国王支持的政权,会在意识形态上对抗教会。换言之,大学得保持缄默。"科学与文学学会"自建立以来头一回被关闭。知识分子纷纷抗议,很多人宁愿自愿流亡也不想继续待在西班牙。在巴黎，乌纳穆诺发起强有力的声讨运动。

一旦裂痕出现，会自然而然扩大。政府不得不重拾往日那些政治迫害的手段。流亡者把自己的经历公布于世；一个日益活跃的组织四处散发宣传小册；受过教育的人们愈发愤怒。政府说不准资产阶级一定支持自己，也没有力气直接反对资产阶级，不得不靠允诺些特权来赢得其支持。这一举动与给予工会的许诺相冲突。结果鸡飞蛋打——雇主起了疑心，而劳工总会愈发反对与政府进行任何合作。按照现代化的计划，也为了抗衡保守势力（他们反感政权毁了他们的政治机器），政府在农业改革上做了切实尝试。大地主连一丁点家财也不想舍弃，组织武装力量保卫自己，充分利用与军队和教会的活络关系。军队变得不可靠，这是个坏征兆。保守派领袖桑切斯·格拉（Sanchez Guerra）之前选择自愿流亡，如今在瓦伦西亚登陆，试图发起突袭。他被逮捕，移交军事法庭裁判——宣判无罪。政府意识到军队不再支持自己，请辞。普里莫——起初是真诚的革新者，其结局与发起过政变的其他将领并无不同，被军队抬举，又被同一支军队推翻。

与意大利和土耳其作个比较，这两国都解决了普里莫没能解决的问题。墨索里尼能够成功，是因为背后有足够有力的民众支持，足够有力的资产阶级和进步知识分子来迫使老地主贵族、军队和教会的势力退却。凯末尔能够成功，是因为在统领军队上无人能与之匹敌，而且一旦凭借单纯而汹汹的民族主义信念走上建设之路，不会遇到太大抵抗即可顺利开展。在西班牙，普里莫身陷困局，一面是彼此摩擦不断的军队和教会，另一面是资产阶级及知识分子。西班牙的现代化一定要逆军队和教会的势力才能进行下去，普里莫却没有墨索里尼所拥有的权力。他试图以旧秩序下不变的势力来创造新秩序，自然要失败。最强大的势力，军队、教会及贵族，并不愿意重建国家，而愿意实行欧洲化的阶层还远不具实力去担起重任。结果，欧洲化失败。西班牙又重回传统生活，但这无法维持太久，革命近在眼前。

普里莫政权的最后两年，货币贬值，财政预算无法平衡，产量出现下滑；世界经济危机又火上浇油。西班牙资产阶级遭受重创。世界经济危机对西班牙的冲击比其他国家都严重。更糟的是，资产阶级的政治机器已荒废多时，贵族旧政党亦早已瘫痪。"圣塞巴斯蒂安公约"应时而生。

一九三〇年秋，圣塞巴斯蒂安，社会党领导人同共和党人、加泰罗尼亚左翼政党（主要是加泰罗尼亚左翼共和党）会面，达成了发起革命的意见。因阻挠议会、摩洛哥惨败、一手扶植的独裁者垮台，国王已深深失信于民，不会有谁去捍卫他；这场革命会直接促生议会共和国。劳工总会领导人承诺听令于由各革命党派组成的联合委员会，万一有总罢工的需要。其他政党亦承诺会立法保障工人权益，并将进行政教分离。加泰罗尼亚人也得到了地区自治的承诺。

此后，通向共和国的道路上再无真正阻碍。没有人想捍卫君主制。贵族保守派首领桑切斯·格拉，小心避免在斗争中站队。军队保持沉默。一九三〇年十二月，一位军官在哈卡起义，号召建立共和国，以失败告终。但君主制已没有退路，唯有重拾选举一法，左翼政党拒绝参与君主制下的议会选举。出于妥协，政府组织地方大选，左翼政党同意参与。这发生在一九三一年四月十二日。

选举显示了一系列对未来有重要影响的事实。农民仍循惯例，投君主的票。省府城市（两三个例外）都投票给圣塞巴斯蒂安公约联盟。支持君主制的人们持乐观态度。巴塞罗那的投票至关重要。人们以为联盟党会获胜，结果是左翼共和党赢得选举。几小时后，领导人马西亚宣布加泰罗尼亚为独立共和国。唯一还能指望的是军队。但将领们没有理由去捍卫阿方索，有以往的教训在。许多将领，其中包括佛朗哥、戈代德、卡瓦内拉等大多数一九三六年叛乱的领导者，觉察到君主制大势已去，都选择支持共和国——静候时机，以武力左右即将到来的共和国。选举结束后，国民卫队首领圣胡尔霍将军去告知国王卫队不会朝民众开枪。没有人留下来捍卫国王。他发表了一番声明，表示愿意退位，以避免内战爆发。其实，他什么都避免不了，还有谁听他调遣？没有流血，革命委员会自动接过权柄。一九三一年四月十四日，共和党领袖阿萨尼亚（Manuel Azaña）当选为首任总统；社会党人参与政府，其中也有若干加泰罗尼亚人。几个月后，在制宪议会选举中，圣塞巴斯蒂安公约联盟取得压倒性胜利。

第二共和国

新政权的根基并不牢固。右侧，既有贵族又有资产阶级的反对；左侧，有最强有力的民众组织全国劳工联盟的反对，他们希望抓住时机推动社会革命。只有激进的知识分子和影响力较弱、更为温和的那一支工人运动支持新政权。新政权取得胜利，并非像在英国、法国或俄国发生的大革命那样，凭借一己之力；也没有发动起义，在巷战中浴血相搏；仅是趁着王权衰微，占上了位。军人和公务员容忍了共和国，些许犹豫之后，甚至教会和贵族也选择容忍；并没有改变什么，只是政府形式换了一换。但是，它不能原地踏步。共和国在深重危机中诞生。必须有所行动，来重振经济；知识分子也想把种种理念付诸实践。

然而共和派却重蹈第一共和国时革新人士的覆辙，难逃沦为笑料的命运。当然应该好好振兴国家，但是，可不该是翻天覆地的变革。奥尔特加-加塞特等人在议会发表了精彩演讲，却深感痛心，因为演讲收效平平。与此同时，最关键的农业问题无人理会。正像一八七三年那样，在一九三一年，共和派又一次彻底失败。

共和派不是社会主义者；这样自诩的也不是社会主义者——在卡瓦耶罗领导下，社会党满足于在此政体下进行社会改革。执政党的初衷不错，但是一个民主共和国想立足，就得摆脱对教会和军队的依附，遏制军队和教会的权力野心。这就需要打破贵族对土地的垄断，争取到农民的真心拥护。废除实际上广泛存在的农奴制，分削南部以及中心地区大庄园主的土地，立法保护北部和东部地区的佃农的切身利益，并大幅降低地租。要想赢得乡村的坚定拥护，最起码需做到这些。资产阶级很可能会和贵族联手反对，因为他们唯恐征收会波及工业资产。而足够强大的政府（如果能够获得农民的支持，政府自然强大），并不必那样做。在头几个月里，共和派本可以趁势立即推行农业改革，不会遭到太大阻力。一旦生效，就可为民主共和国奠定坚实基础。待资产阶级明白自己的财产无剥夺之虞，会支持共和国。另一方面，政府面临安那其和军队的左右夹击，只有推行农业改革才能站稳脚跟，那也意味着全面实施欧洲化。机会又一次摆在西班牙面前，融入现代西方文明的机会（知识分子一向对此极为推崇），却再一次失去。

政府没有进行刻不容缓的农业改革，相反，与教会缠斗不休。政教分离，建立世俗国家向来是激进知识分子偏爱的念头，也可借此回避当前紧迫问题。安那其又在城镇间暴动，焚烧教堂。好几个月过去，教会问题引发政府危机，共和阵营出现分裂，纳瓦拉又试图武装起义之际，政府才终于面对农业问题，而反动势力已重新集结。公务员与大地主利益密切相关，蓄意破坏改革；欲推行农业改革，只剩唯一可行的办法，即呼吁农民伸张权益——这意味着社会革命，共和派万万不想那样。农民撇开政府，反抗国民卫队和地主。工人也期望催生一个为工人着想的新政权，既然不战斗就一无所有，他们要自己作主。在安那其领导下，到处是工人与农民的联合起义。政府在如何应对上并未犹豫，它向国民卫队和军队请求支援，也因此处于依附地位。事态发展与一八七四年一样，只是左翼力量已强大得多，贵族和教会势力弱得多。

　　共和党和社会党人在接受旧秩序势力保护的同时，又惹恼了他们——先有针对教会的立法；历经冗长争执，又赋予加泰罗尼亚地区自治权（像在圣塞巴斯蒂安商议的那样）。他们对何谓恰当时机麻木得可以，在最孱弱的时刻试图改革军队和行政机构。当然需要改革，大大小小的军官、公务员比正常需要的人多三倍，却毫无效率可言。但这仍显得古怪，让成千成千的军官领全薪退役，解雇大批公务员，在共和国要靠他们来对抗工农起义之时。一九三二年夏，确保了和平过渡到共和国的圣胡尔霍将军在塞维利亚起义，反抗共和国。他失败了，主要因为缺乏必要准备，而政府孱弱得无法维持对反叛将军的死刑判决。

　　同时，有人在等待时机，比如勒鲁。他在一九三一年初自然是对共和国抱有热情。随着浪头转向，勒鲁及其激进党成员也转而反对共和国。右翼势力也在重整旗鼓。以希尔·罗夫莱斯为首的天主教人民行动党成立，试图模仿德国天主教中央党，聚集神职人员、军官、地方权贵、贵族和资产阶级，更尽力涵盖天主教民众。罗夫莱斯又将人民行动党与其他右翼小党组成"右翼自治联盟"，并在一九三三年秋赢得选举。左翼执政的时代结束。无需发动军事政变，通过合法手段——选票，右翼就获得了权力。

选举暴露了共和派本质上的孱弱。他们在一九三一年的胜利是意外，那时右翼势力没有出面反对。到了一九三三年，面对政府的区区几项农业立法和残暴的国民卫队，农民彻底气馁了。在共和国宣告成立之初，乡村有过一阵政治觉醒，支持左翼，随后复归漠然，地方权贵有令，让他们投右翼自治联盟的票。城镇工人亦对共和国失望，安那其"退出选举"的口号获得广泛支持。因为安那其的弃选，大资产阶级联盟党甚至在巴塞罗那也胜过了左翼共和党。不少小工厂主、公务员以及知识分子在一九三一年投勒鲁的票，那时他是左翼，如今他们仍然投勒鲁，他已改弦右翼。妇女首次拥有投票权，几乎全是文盲的妇女投票时更易受神甫操纵。共和国似已接近尾声。在独裁之后，左翼势力尝试重振国家，事实摆在眼前，他们无法胜任。

选举带来的另一种选择也一样无济于事。事实上，是下下之选。希尔·罗夫莱斯及其右翼自治联盟与普里莫·德里维拉不同，并不想逆着保守势力的心意去推行改革。从他们嘴里说出的现代化只是为了取悦投票者。罗夫莱斯背后的真正势力，是在普里莫乃至一九一七年之前统治西班牙的那伙人。摆脱了进步的独裁者与进步的左翼的纠缠，乐见权力回到自己手里，可以重回传统，继续作威作福。右翼自治联盟的政策仅仅是废除每一件左翼做的事。政教分离的法案废止，行政机构改革的法令也被废除。军队不再精简，相反要增加，使得军队势力愈发膨胀。还没落实的农业改革法令，在一九三二年通过时就已十分保守，此时经过修订，更成了一纸空文。尽管联盟党选举获胜，但加泰罗尼亚地区自治依然有效，因为有民众的广泛支持。

罗夫莱斯比阿萨尼亚精明，他会看准时机，一九三四年九月，入职国防部。这是共和国所取得的所有成就被全面废除的征兆。社会党人不能眼睁睁看着，在十月发动起义。这便是著名的阿斯图里亚斯起义，虽然失败了，却有深远意义。我们先得回到几个月之前，分析左翼势力因治理国家失败所起的变化。

从一开始全国劳工联盟就视劳工总会为竞争者，认为他们会使工人运动混进杂质，也认为工人运动的分化会对自己构成威胁。事实上，巴塞罗那的工人支持安那其，而矿工和阿斯图里亚斯、毕尔巴鄂等北部海岸城市的部分工程师支持劳工总会。劳工总会在马德里的影响力强于安那其，而安那其可谓领导着西班牙东部、安达卢西亚以及巴塞罗那的工人运动。实力也并非彼此相当，全国劳工联盟或许更强一些，但劳工总会也不乏号召力。后发工业国的工人要么诉诸暴力，要么忍气吞声。安那其容不下劳工总会的渐进改革观,劳工总会也看不惯安那其那些"犯罪活动"。分歧自一九二六年以来大大加剧,当时卡瓦耶罗在普里莫独裁内阁任职,试图运用普里莫所赋予的法律特权来对工厂中的安那其施压,无所顾忌。从普里莫倒台至共和国宣告成立之前,双方关系有所缓和。而共和国成立之后,矛盾再度激化,参与政府的社会党人派国民卫队镇压罢工和农民起义,那大多是由安那其发起。安那其不再指望社会党人的支援,在一九三三年十二月发动武装起义,反抗新成立的勒鲁政府。被轻易击败,从政坛撤退,对所有政党,从罗夫莱斯到卡瓦耶罗都无比憎恶,更坚定了其反政治的信念——就该"直接行动"。同时,社会党人的态度起了大变化。他们意识到罗夫莱斯不过是在静候时机,他一上台就会除掉他们,通过法律手段或使用暴力。被双重失败所影响(先是普里莫,后有阿萨尼亚和共和国),也耳闻一九三三年三月德国社会党人屈服于暴力,拒绝战斗,引发灾难性后果,以及一九三四年二月奥地利社会民主党人起义,卡瓦耶罗起了大转变。他正式宣布放弃与"资产阶级"左翼政党结盟的传统政策,决定暴力对抗右翼,得到众人的热烈响应,虽然其他领导人不乏非议。

人们常把社会党人的这种转变与在其他国家发生的类似运动作类比,特别是奥地利。但我相信,西班牙的情况独一无二。在一九三四年二月的奥地利,社会民主党人的武装力量"保卫同盟"有几百人,至多几千人参加战斗,也就是说,连号召奥地利民众参加一场大罢工都号召不了,更别提发起一场武装斗争。在西班牙，一旦武装反抗的口号传下，就会有所响应，口号传进耳中，会在每个工人心里引起共鸣。并非因为西班牙工人薪资水平较高，恰恰相反，铁、铜矿区是社会党人的据点，遭受世界经济危机重创，比维也纳严重得多。也并非因为准备充分与否。了解西班牙的人知道，"充分的准备"与"西班牙"这两个词连用的话，根本是自相矛盾。奥地利人准备得特别充分，而西班牙人不怎么准备。与德国工人和奥地利工人相比，西班牙工人也没有更具威胁力的敌人，相反，新上任的罗夫莱斯政权比希特勒温和得多。唯一不同的是，德国和奥地利的工人运动发生在先。这确实影响到西班牙社会党领导人，但对普通矿工的影响终究有限。

其实，这种急转体现了西班牙人特有的思维习惯。在西班牙政治中，使用武器是一项传统；以法律手段和平解决纠纷从未深入普通人的意识。这在社会主义运动中体现得不像安那其那么明显，因为它已演变成更为温和的组织，也有地理因素，离欧洲更近，更易受其影响。然而到了紧要关头，这些工人与安那其一样准备好握紧手里的枪，并不考虑勒鲁政府和之后的勒鲁-罗夫莱斯联合政府均在议会拥有合法取得的大多数支持。从根本上说，社会党人与安那其一样法律观念淡漠，经过十年的迅猛发展，也克服了懦弱；本来利落地赢得了执政权，社会党人深感愤怒，刚刚尝到执政的喜悦就被选下了台。

为了发动起义，社会党人试图联合一切左翼力量。阿萨尼亚一派共和党人断然拒绝。安那其对所遭受的种种挫败还历历在目,拒绝联合。一支重要力量愿意加入,即加泰罗尼亚左翼共和党。在马西亚死后,如今受孔帕尼斯领导。规模尚小的共产党也表示支持。

一九三四年十月初,在罗夫莱斯加入政府不久,社会党人起义开始。立时现出注定失败的迹象,因为马德里和巴塞罗那均遭遇惨痛失败。马德里工人运动由卡瓦耶罗领导,马德里劳工总会也的确倾尽全力,然而马德里从来都不是工人阶级中心,而是激进知识分子的聚集地,然而共和党人却不支持起义。起义被迅速镇压。在巴塞罗那,加泰罗尼亚左翼共和党并不在乎马德里政府是否合法,只要它对加泰罗尼亚不友好——也的确如此——就会起义。安那其不许工人参与,认为在打败卡斯蒂利亚人之后,左翼共和党会反过来攻击自己。没有安那其的支持,起义失败,几乎毫无抵抗之力。孔帕尼斯被捕,判处死刑,后改为终身监禁;加泰罗尼亚地区自治权被废除。在其他中心城镇,市民主要支持共和党,工人支持安那其,他们甚至都没有起义的打算;毕尔巴鄂以及巴斯克地区也没有响应,巴斯克天主教本地政党仍希望右翼政党可以赋予巴斯克自治权。

还剩下阿斯图里亚斯,劳工总会在那里有绝对威信,发起的起义比自巴黎公社以来的任何工人起义都要英勇。不只是共产党人,连安那其也加入。之前仅在本地活动的领导人,顷刻间获得了全国性的号召力,其中就包括被唤作"热情之花"的多洛莱斯·伊巴路里。阿斯图里亚斯抵抗了整整两周。以类似苏维埃制度进行自治。罗夫莱斯政府寻不到可靠的西班牙军队，动用摩尔人、外籍军团以及空投炸弹才把起义制伏。社会党人被打败，却留下不可磨灭的记忆。仅从军事角度看，罗夫莱斯政府赢了，军队和教会也仿佛重焕昔日荣耀。然而镇压本国民众的主力是宿敌摩尔人，犯下的暴行激起全国愤恨。起义失败，约三万人被关押，一连十八个月，无被释希望。

想平息阿斯图里亚斯的怒火，右翼政府本该认真做些实事，相反，它相信事情已解决，回头继续废除左翼政府那两年的法案，迫害其追随者，乃至投监。而且这几年无多少油水可捞，好年景总算又回来了。勒鲁-罗夫莱斯政府当国家是头奶牛，挤出的奶全给自己喝；"激进"的勒鲁一伙比罗夫莱斯一伙更厉害。腐败激增，种种公共丑闻频频爆出。如往常一样，右翼联盟既孱弱又过于自信。

另一边变化非常明显。阿斯图里亚斯起义后，社会党人完成蜕变。擅于攀附的钻营者已舍弃社会党——无再多肥缺提供。而且，左翼势力的联合亦有望实现。共和党人和社会党人组成选举联盟"人民阵线"。共产党人也加入进来，与自一九三四年中期以来第三国际大幅右转的步调相合；从与安那其合作转变为同社会党人合作，如今又接受与共和党人合作。在他们看来，这是再好不过的政策。其实，即使没有他们，人民阵线也能获胜；他们宣布已在西班牙"建立"人民阵线。

安那其也不得不转变态度，虽然坚称并无变化。那时右翼选举获胜，与安那其的弃选有很大关系。阿斯图里亚斯起义失败，民众愈发要求团结行动，又考虑到有相当多的同志还在牢房里，只有左翼获胜才能被释放，安那其没有提名自己的议会候选人，而是号召成员投人民阵线的票。

在马德里，左翼与右翼似难分胜负，结果左翼大获全胜。马德里自二十世纪初以来就支持共和党，仅在一九三三年投过天主教右翼党派。社会党人在阿斯图里亚斯取胜并不意外，能在加利西亚这个保守地区的四个省份中拿下两个，大大出乎人们意料。巴斯克地区自然是投给巴斯克本地政党，看似是右翼的胜利，结果仍是左翼获胜。而执政了两年的右翼政党恰恰丢了从前支持它的地区。安那其不再坚持弃选，使得左翼在整个加泰罗尼亚自治区和一个阿拉贡省份、瓦伦西亚自治区的所有省份、安达卢西亚的大部分地区都赢下大多数支持。右翼获胜的仅仅是那些选举仍能被"制造"的地区，埃斯特雷马杜拉、旧卡斯蒂利亚、拉曼查以及安达卢西亚安那其势力还未渗透的地区，尤其是哈恩省。我在走访中了解到上述多地农民激烈抵抗佛朗哥，可以想见，如果不操纵选举，右翼更会颜面尽失。

一九三六年二月十六日，投票结果揭晓的日子。右翼惨败。他们无法接受这个结果，就像三年前选举失败的社会党人。他们计划发起突袭，而后又暂缓行动，因为必须先完成改组。罗夫莱斯被免职，普里莫治下的财政部长卡尔沃·索特洛成为右翼自治联盟领导人。他致力于联合各路右翼力量，成效显著。军队立即筹备发动政变，并为取得外国支援进行谈判。普里莫之子何塞·普里莫·德里维拉组建法西斯组织长枪党，这似乎昭示着右翼的复兴，罗夫莱斯的人民行动党只是昔日保守党的泛泛复制。

左翼再一次执政。然而许多在一九三一年支持左翼政府的人，其中不乏享誉世界的知识分子，如乌纳穆诺和奥尔特加-加塞特，要么退出政治，要么加入右翼。社会党人拒绝加入政府。普列托领导下的右翼社会党人与卡瓦耶罗领导下的左翼社会党人起过争执（普列托拥有阿斯图里亚斯地区的支持，而卡瓦耶罗把持马德里），最终卡瓦耶罗占了上风。共和党人不得不独自执政，阿萨尼亚任总统，卡萨雷斯·基罗加任总理。他们仍认为在一九三一及一九三二年颁布的法律是重要成就，如确立世俗国家、加泰罗尼亚地区自治、行政机构及军队改革，要让这些法律重新生效。这一次却没有那么顺利。那时仅有安那其起义，参与政府的社会党人忙于镇压。如今社会党人也拿起了武器。政府必须做点什么来服众。一九三一年的情形重现：又是迟到的农业改革，国民卫队又一次向起义的农民开枪。不同的是民众的抵抗更有力，感觉更苦涩，诉求更坚定。在一些地区，农民自己作主，把贵族的大农场分了。

很难预测会发生什么。共和党人依然是说得多，做得少。总理卡萨雷斯·基罗加徒有强人声望，为了清肃军队，在七月兼任国防部部长。面对二月至七月间军队叛乱愈发高涨的势头，他无所作为，却将公开准备发动政变的佛朗哥将军任命为加那利群岛的卫戍长官。共和党人无力推行改革，社会党人虽投了票，却不参与政府，亦拒绝发动起义。民众只能寻求安那其的帮援，换言之，至多如一九三一年那般。尽管安那其已不那么恪守原则，却也没想与社会党人共同起义。

政治斗争愈演愈烈。一名警察官员遭暗杀，作为报复，一伙"警察"诱杀了右翼反叛领袖卡尔沃·索特洛。这成了导火索。将领们惴惴不安，担心蓄势待发的民众，担心政府的礼貌相待只是表面敷衍。决定提前行动。尽管仓促，他们相信会速战速决。

发展大大出人意料。执政不受挑战之时，左翼处于迅速解体中。但是一旦左翼政府——被工人、农民以及所有"小民"寄予希望——被武装力量攻击，他们不会束手不管。上一次起义已是一八〇八年的事。卡萨雷斯·基罗加卸任，马丁内斯·巴里奥上台，进退两难。巴里奥和内政部长桑切斯·罗曼拒绝武装工会，这即意味着向佛朗哥投降。而社会党人，尽管在过去五个月中无所作为，仍知道如何抗争。他们以立即发起街头起义相要挟，迫使巴里奥辞职。默默无闻的共和党人希拉尔于同日上台，任第三任总理。此时此刻，总理是谁已不重要。劳工总会有了武器，成了保卫马德里的中坚力量。卫戍长官范胡尔将军也参与了谋划反叛，他觉得最好先观望一阵，看看事情是否有转机。双面周旋耗去了他不少时间，工人抓住机会，发动袭击，最终占领兵营。范胡尔将军被擒，几周后，革命法庭下达死刑判决。

在巴塞罗那，军队由善战的戈代德将军领导，表现当然更好，然而这是个狂热的左翼城市，他们遭到顽强抵抗。

一九三四年，巴塞罗那人逃之夭夭；如今，他们与安那其联合，进行英勇抵抗。与其他地区不同，巴塞罗那的国民卫队牢牢守着巴塞罗那。两支警察部队，突击卫队和加泰罗尼亚特别警察卫队也效忠共和国，空军也是。他们给予工人必要的指导，在历时两天的巷战中，众人齐心协力打败了军队，活捉戈代德（像范胡尔一样，后来被枪决），占领巴塞罗那。实权立即落入安那其手中。在接下来几天里，工人夺下半个西班牙。安那其与社会党人均没有执政，仅掌管各自地盘。

将领的反叛促使七个大城市里的六个被工人掌管。问题是他们能掌权多久？他们能用权力做什么？比起先前的执政者，能否找到更可行的办法，去解决那些已折磨西班牙一个世纪的问题？

二

战时日记,一九三六年

以下日记原是德文写就，分散记在好几个笔记本上，现译成较为晓畅的英文。将原始笔记直接刊登，仅为便于出版做了必要调整，远非出于美学考虑；以笔记为基础，写成旅行游记，自然更吸引读者。唯有一点考虑支持眼前这种做法，而这一点考虑是具有决定性的：像西班牙内战这样富于争议的事件，任何转述都可能背离事实，哪怕只是一点点，也已失真。因此我记下每一天的观察，记录事实本身——观察到彼此矛盾的事实，也如实记下，不做修改。

私人起居等不相关的琐碎记录已略去，以及无权公开的机密；为避免冗赘，类似的观察合并讲述。

事实谬误已得到改正。保留了错误的印象归纳。那并不是我的最终结论（我的结论一部分在第二次西班牙之行中论述，一部分在首章和结论章），而是某一时刻的印象。就其本身而言，只对我本人有意义，但我决定保留这些。身处西班牙内战之中，没有人可以单纯收集事实，而不去推测事态走向、比较不同政党的优异之处等等；形成观点时，观察者会褒贬不一。

宣称中立就是在假装一种客观，无人能达到的客观，也会误导读者，使其无法自行判断。因此我将事实记录与观点清晰区别开。

不止于此。如前所说，作者的种种印象，以及每一个观察者的印象，都随着事态的发展——其背后真正驱动力逐渐显现而变化。与其他社会事件一样，革命无法只靠条陈事实来理解，气氛也同样重要。这种气氛需要艺术家的创造力才能再现——那会涉及主观想象，难免失真。身处现场的观察者所体会到的希望与失望也可以传达这种气氛。甚至可以说，欢呼、失望乃至幻想的破灭就是革命史的组成。

八月五日下午六点　布港（Port Bou）至巴塞罗那的火车上

与纷繁的谣言相反，法国火车如往常一样，越过边境，朝布港驶去。

在从图卢兹始发的火车上，我结识了一个英国人，是英国某社会主义组织的代表。他不懂西班牙语，我可以做他的翻译，我们结伴同行。在布港车站，迎接我们的不是手端刺刀直指胸膛的武装守卫——在伦敦和巴黎我听过那么多不着边际的谣言——而是搬运工，来帮忙拎行李。态度之礼貌，动作之闲散，一如人们对和平时期的西班牙搬运工的想象。我们不得不等上几个小时，这里平日即是如此。候车大厅里坐着不少农妇，闲聊间只字未提革命。卫队照常巡逻，又多了一些武装工人，还有穿着便服的配枪少年。有个男孩和我们正聊着，被叫走了，不是执行特殊任务，是去给啼哭的婴儿找点喝的。

但是，仍有重要事件发生的迹象。之前我去过加泰罗尼亚，知道加泰罗尼亚人尽管往往可以流利地说"标准西班牙语"（实为卡斯蒂利亚方言），也不愿开口。如果外国人和他们说西班牙语，习惯做法是以法语回答——他们自认为是法语的语言，甚至会用加泰罗尼亚语咒骂来回答，外国人哪能听懂。普里莫独裁期间也不例外。而现在，用西班牙语提问的每一个问题都会得到西班牙语回答。我在车站问了一个又一个人，怎么现在愿意开口说卡斯蒂利亚语了，回答都一样：如今已没有理由再讨厌它。一九三一年共和国宣告成立，加泰罗尼亚获得自治权。

另一个更重要的变化最近才发生。过法国边境时，我们得知巴塞罗那警署已命令布港的边防警察不许任何外国人入境，即便是持普通签证。之前我曾多次从这里入境，熟悉这些查验护照的警察。他们在此工作多年，起先听令于马德里内政部。军队在巴塞罗那巷战中败北，政府的一切行政权力，哪怕是管理边防，也自动由加泰罗尼亚自治政府接管。变化不止于此。英国同伴有文件证明身份，我手里有一位相当知名的西班牙社会主义者的推荐信。警察说无法放行，我们出示证明材料，警察长立即表示，这超出其权限。我们得去"委员会"，似乎涉及政治访客时，那里保有实际决定权。

事实上，布港有两个委员会，一个负责管理火车站，另一个负责管理城镇。前者组成：安那其和社会党人的铁路工会均派出代表,人数相等;后者组成:镇上每一支支持政府的政党均派出一名代表。这是遵循自治政府颁布的法令(与马德里政府颁布的法令相一致),并不意味着当下各个政党实力彼此相当。

委员会办公地点位于镇公所大楼。屋外飘扬着一面巨大的红旗,上有镰刀斧头。镇政府官员依然在位。也有几个农妇等待着,闲聊家常。五分钟后,我们见到了委员会主席(显然是位工人),递出证明,获得通过许可,返回车站。警察阴沉着脸,在护照上盖了章。委员会的权力大过警察。乘着安宁无比的火车——有一等车厢和餐车,发车与经停均按时刻表运行,我们前往革命之国。火车上有配枪民兵和卫队成员,沿途车站也有人巡逻。乡下一眼望去宁静如常,一个个工厂也大多开工。

一路上都在讨论政治。卫队成员十分沉默,他们并不愿意被派到这里,和武装工人并肩战斗,与军队交火。我问其中一人,怎么与左翼联合,他答:"我们得服从命令,你知道,我们也不是弄政治的人。"普通人更愿意聊。坐在对面的人马上讲起交战过程以及当前形势。其中一人属加泰罗尼亚左翼共和党,任干事,另一个是活跃的社会党人。二人却持类似观点——都害怕安那其。"一群罪犯,劫掠和焚毁!"显然,无意在外国人面前充一切都好。他们还说起安那其与自治政府(即加泰罗尼亚左翼共和党)将会爆发一场武装冲突。恐怕无人能抵挡安那其的攻击。又说有一半铁路工人都支持安那其(我在想这些工人都是罪犯?),越说越担忧。说到七月十九日的战斗，语气又昂扬起来。如何做到速战速决？原因之一是戈代德将军在反叛伊始就被活捉，并被说服着通过无线电劝部下投降。相当多士兵意识到将领并非执行政府命令，而是在对抗政府，就早早扔下武器，各自回家。士兵溃逃，无论是自发还是听从命令，似乎是反叛失败的决定性事件。

晚十一点　巴塞罗那

一样平安抵达。没有出租车，只有马车载我们入城。经过空旷的科隆街，拐进兰布拉大道，我瞬间惊呆：革命就在眼前。

到处是工人，肩背来复枪。或许有三分之一的男人都背着枪，没有警察，也没有穿制服的军人。枪，枪，到处是枪。见不到挺括的暗蓝色民兵制服。工人或坐在长椅上，或在人行道上踱来踱去，右肩背枪，姑娘走在左边。他们分成一组组，出发巡逻郊区；站在旅馆、办公大楼、大型商店的门口；伏在几个仍竖立的街垒后面（结结实实由石块和沙袋垒成，大多数街垒都已拆除，被损人行道也很快恢复原样）；开着一辆辆新款汽车狂奔，征来的汽车，车身上有白漆涂出的大字，即所在组织的缩写：CNT-FAI、UGT、PSUC、POUM。有些车涂了所有缩写，有些车仅有 UHP 这三个字母，即一九三四年阿斯图里亚斯起义叫响的口号[1]。工人身着平常衣服，却更能显示其

---

[1] "Unión, Hermanos Proletarios！"（团结起来，无产阶级兄弟！）

身体力量。谁是安那其容易辨认，佩带红黑标识的就是，人数惊人。没有什么"资产阶级"。兰布拉大道上没有衣着时髦的先生小姐！只有工人，不论男女。甚至连帽子也看不到！自治政府在广播里建议人们不要戴帽子，会显得像"资产阶级"，给人留下坏印象。这条著名的大街并没有因此丧失颜色，因为有深浅各异的蓝色、红黑色的徽章、领巾以及装饰繁复的民兵服装。这与昔日加泰罗尼亚上层女子穿的鲜亮颜色多么不同！

自七月十九日后短短几天内，征收工作推进迅速。大型旅馆，一两个除外，均被工人组织征收（并非像很多报纸报道的那样被焚烧）。大多数较具规模的商店也被征收。许多银行关了门，还在营业的门口贴出告示，声明受自治政府掌管。我们得知所有工厂主要么逃跑，要么被杀，工厂由工人接管。宏伟建筑物门前都张贴着大幅海报，宣告已被征收，要么由安那其接管，要么被某政党征用。

但是，日常生活并不像读过外国报纸报道的我料想的那样乱。电车和公交车照常运营，也无断水断电。大陆旅馆（Hôtel Continental）门前站着一个安那其守卫，很多民兵被安排在这里住宿。车夫比划着抱歉的手势，说这显然不是个旅馆了，而是民兵兵营。经理和安那其守卫立即反驳，民兵没有占据所有房间，我们可以住下，还可打些折扣。我们住了下来，食物与服务都不错。

所有教堂都被焚烧，除了存有艺术珍品的大教堂，自治政府设法予以保护。教堂的墙还立着,但内部毁得彻底。有些仍冒着烟。位于兰布拉大道和科隆街交汇处的科佐力航运大楼①起初由意大利狙击手控制,后被工人攻占,如今已是一片废墟。除了教堂和这幢大楼,别处没有纵火痕迹。

以上就是第一印象。匆匆吃过晚饭,我又出门,尽管有不少人告诫我天黑以后街上不安全,我却丝毫没有感觉到危险。与平日一样,过了九点人潮甚至更汹涌。当然,喧嚣比平时退却得早,远不到午夜街上就空了。

到处是一群群年轻人,配着枪,配枪的姑娘也不少,显得格外自信。之前无法想象,一个西班牙姑娘会穿裤装,不失风采。一幢幢宏伟建筑门前聚满了人,如今已是政党办公地。加泰罗尼亚广场上耸立的科隆旅馆被加泰罗尼亚联合社会党接管。安那其也已征用工厂主联合会的办公楼,就在繁华的拉耶塔纳大街(Calle Layetana)。托派进驻兰布拉大道上的福尔肯旅馆(Hôtel Falcon)。旅馆门前停着一排排汽车和卡车,其中还有一两辆装甲车。一群配枪的年轻人交谈甚欢。

我不懂加泰罗尼亚语,但在这样热烈的气氛里,语言不是障碍。有人说德语,一张熟悉面孔出现。这位女民兵的丈夫是一位瑞士记者,我可以打听打听"故事"了。是真是假暂且不论,先听听人们都想说什么。

交谈中说到叛军暴行,将所有在押犯人通通枪毙。仅仅是

---

① 意大利轮船公司。

叛军才惯于这么做，还是政府民兵也有如此行径？我自问。

还说到外国援助，意外的坦率和天真。我参与交谈的那一伙人中有许多外籍志愿者，他们来到西班牙，一心想拿起武器抗击法西斯。有些人的祖国已被法西斯轻易攻占。如在科隆旅馆门口聚集的年轻人一样，这些年轻人也来自德国、意大利、瑞士、奥地利、荷兰和英国，也有一些美国人，也有不少来自上述国家的年轻姑娘。她们无比自信，与西班牙姑娘（即便是携枪的西班牙姑娘）形成鲜明对比。各国语言同时说着，政治热忱，冒险经历，仓皇逃难的日子终于过去，坚信政府军会捷报频传。每一个人在几句话之间就与另一个人成为朋友，深知在二十四小时或四十八小时之内将再一次分别，奔赴不同前线。讨论的问题不是加泰罗尼亚民兵部队的下一个目标萨拉戈萨是否会被攻克，而是何时会被攻克。同时，亦不无疑虑。他们一心企盼法国的飞机——说法国已允诺支援飞机，有了这些飞机，克复萨拉戈萨易如反掌。法国又有不干涉政策（我当然看过相关报道，并不认为他们会严格遵守），如今——一点儿也没考虑到这涉及军事机密——飞机还没来。这就糟了，糟得多。

听这些人怎么说安那其很有意思。军队一败北，兰布拉大道上就发生了相当多起打着安那其旗号实施的劫掠。不久全国劳工联盟发表声明，否认这些行为和自己有关。如今，一幢幢房子外墙上最引人注目的就是一张张安那其大海报，声明劫掠者一经发现，当场处决。也有其他说法，听来更意外。在劫掠、焚烧教堂的过程中，民兵自然掳得不少钱财和贵重物品。这些财物想必全归全国劳工联盟所有。并非如此。安那其自己更愿意把所有东西都烧了，包括纸币，来消除抢劫嫌疑。火车上那两位朋友言之凿凿安那其是罪犯，到底是不是罪犯，似乎不能轻易下个简单判断。

返回旅馆的路上看到一座正在燃烧的教堂。我猜那是一场尽情狂欢，其实不然，焚烧教堂是一项统筹安排。教堂坐落在加泰罗尼亚广场的一角。火焰瞬间吞没了它。有几个人站在附近静静地看着（晚上十一点左右），显然并不可惜教堂被烧，却也没显得特别兴奋。消防队也在，小心控制火势，避免殃及周围建筑；不许走近——避免发生意外——人们也就不再走近，格外顺从。早些日子看到这样的焚烧，想必人们会满怀热情得多。

八月六日

在目前情况下，想接触到叛军的支持者或是同情叛军的外国人（主要是德国人和意大利人）并不容易。这样的外国人已离开西班牙，亦有不少被杀。也有相当多中立国家的国民同情叛军，并且直言不讳。今天早上我就遇到这样一位，他的讲述呈现出另一番景象。

一开始他就说起恐怖活动。处决，处决，处决：这个念头一直在富人、天主教徒、右翼人士脑中萦绕，快逼得他们发疯。"西班牙人吓破了胆。"提到这些天来的杀戮，声音仍在打颤。"外国人还相对安全,但是西班牙人,西班牙人——"他所说的西班牙人显然是指平时有交往的那些生意人朋友,在工厂主联合会和联盟党中活跃的。"成百上千的人在头几天里被杀。军队一落败,工人就开始了结私人恩怨。"这种说法我已听到过一次,说者坚持所说就是事实。也许并非全都是私人恩怨。比如神甫被杀,是因为他们是神甫;纺织厂主被工厂里的工人所杀,若没能及时逃脱。大型公司如巴塞罗那电车公司的负责人,与工人势不两立,被工会纠察员所杀;右翼主要政治家被安那其特别纠察员所杀。而我的谈话者在这场杀戮中失去了朋友,甚至不乏亲密朋友,自然十分胆寒。"太可怕了,"他喊道,"不经审判就被杀死,连个罪名也不给!这些安那其!暴徒!社会党人和共产党人好得多,自治政府被打个措手不及。"我委婉暗示道,也许并不仅仅是安那其这样做。自内战爆发以来,那些同情法西斯的英国记者一直在报道中吹嘘佛朗哥又杀了多少敌人。把敌人斩尽杀绝恐怕是一种西班牙习惯。尽管他不否认,却仍然坚持自己的看法。

他的话多少佐证了昨天我在布港的观察:"双重政权"——政府机构和委员会并存,巴塞罗那也是如此,似乎也遍布整个西班牙。除了先前的自治政府,巴塞罗那还新成立了反法西斯民兵中央委员会,所有反佛朗哥的政党以及工会均派出代表,实际上是安那其占据主导。委员会主席却并非安那其,而是加泰罗尼亚左翼共和党成员豪梅·米拉维特列(Jaume Miravittles),二十八岁,曾任马西亚的副官,参与过数起政变，但他原本是安那其，参与过安那其实施的恐怖活动。"在巴塞罗那，只有一支具有实力的力量，"这位外国人说道，"就是安那其。"仅有政府部门签字的文件属于无效。在自治政府办理完手续，最好再带上全国劳工联盟的推荐信。更保险的做法是取得自治政府发放并由全国劳工联盟和劳工总会共同签署的通行证。除了工会之外再无权力机构，在巴塞罗那，安那其的全国劳工联盟是实力最强的工会组织。

他竟然确信佛朗哥会赢，一些有影响力的外国观察者也这样看。到了下午，我明白了，这种观点在那些对革命没有好感的外国人中间相当流行。支持佛朗哥，自然希望佛朗哥能赢。正如我的交谈者所说，在自己国家他决不支持法西斯，但他还能举出事实来支持自己的预言。自治政府和安那其之间分歧甚深；运往前线的民兵缺乏纪律，缺乏军事训练，更缺乏具有指挥能力的军官。还有外国对叛军的支援，不光是志愿兵，更有现代武器。据闻起码有六十架德、意战机不久前送抵佛朗哥手里。这些言之凿凿的论断与那些年轻志愿者的天真想法之间形成鲜明对比，双方却一样坚信胜利指日可待！与一九一四年的情形如出一辙！有人更是浮想联翩。比如旅馆里那位英国老绅士，受了太多惊吓，从心底反感安那其。但他最担心的是这个多灾多难的国家的命运，他住了这么多年，深深眷恋的国家。佛朗哥的军队攻进巴塞罗那会是什么景象（似已不远），血流成河！会比我们在两周前经历得那场更惨烈。而安那其宁可纵火烧城，也不会让法西斯得逞！

一面是天真而充满热情的志愿者（不论男女，不分国籍），一面是企盼佛朗哥的生意人，还有自治政府，虽然毫无作为，却还没软弱到忘记使用战争惯常策略——散布虚假情报。据报纸以及广播报道，政府军昨日夺回科尔多瓦，今天证实是子虚乌有。还有重占加的斯的消息，也不值得关注。街上的人们，以及我们旅馆的民兵却都相信，兴奋莫名——那并不意味着有多在意：科尔多瓦和加的斯是如此遥远，对加泰罗尼亚人几乎毫无影响。"关键是萨拉戈萨。"我听见人们在讨论夺回科尔多瓦这条假消息时说道。又这样天真！似乎没有人想到南部摩尔人的居住地是个严峻问题。我来西班牙之前看到的英国报纸都在讨论它，这里几乎看不到任何外国报纸，本地报纸连提都不提。

下午，我对进驻科隆旅馆的加联社党进行了首次采访。一楼设有征兵点，到处是人。好不容易才找到新闻处——刚刚成立，我和我的英国朋友是第一批访客，得益匪浅。

加联社党由四个政党联合而成，其中加泰罗尼亚社会党和共产党（在西班牙其他地方并未合并）最具实力。联合政党早在军队反叛之前就开始筹备，反叛发生不久后组建而成。这足以表明共产党人与社会党人之间的敌意已大幅减弱，这并非西班牙特例，因为如果没有共产国际的同意，什么都达成不了。概括而言，共产党人在谈判中似比社会党人占上风，虽然就影响力而言弱得多，却足以使联合政党从属于共产国际。但是，加联社党的真正力量体现在它有劳工总会，即社会党人工会的支持。我询问这位新闻处发言人，在巴塞罗那劳工总会涵盖哪些人。回答是约一半铁路工人、银行职员以及相当多的各级公务员；几天前，私企雇员及商店店员工会也加入进来。又坦承在体力劳动者中间，论影响力还是要数安那其。

随后我们谈到关键问题。既然各个工厂的工人可以直接选出代表，为何没有正式组建工人代表大会（就像一九三四年的阿斯图里亚斯）？"因为一切都取决于军事进程。"这个回答不太令我信服。和一个民兵或反感革命的人谈谈，就会发现在巴塞罗那，事态发展远非完全取决于军事进程。抑或杀戮神甫和雇主以及焚烧教堂属于"军事问题"？或许加联社党愿意把一切都归结到军事行动上，安那其并不这么想。我得出如下推断：是安那其处在决策位置，决定是否成立工人代表大会。没有组建，很可能是因为他们不想这么做；如果想组建，谁都阻挠不了。毕竟，安那其可以通过完善的工会组织对工厂施加影响，而代表选举对它无甚益处，反而会给其他党派蹿升的机会。

乡村发生了什么？据这位发言人说，似乎比我乘火车时看到的要活跃得多。也一样有杀戮，主要针对地主，如果地主不在，就处决代理人。"他们的土地怎么处理？"我问道。回答也不确定。每个政党都有各自的土地政策，这是唯一确定的一点。大地主和拥护军队反叛者的家产被征收，安那其似乎想建立农业合作团，类似俄国的集体农庄，各个村落一起劳作，无论是先前属于大地主还是农民自己的地，设公共粮仓，分发村民所需。会更加"富于热情地"实施，比俄国的集体农庄更像天堂。在极具影响力的村庄，安那其尝试取消货币，通过城市工会组织进行物物交换，来获取外部世界的产品。这当然只是理念，仅在几处实行。加联社党反感这种乌托邦做法，他们试图说服富农将土地分给穷人一些。也仅在几处实行。在我看来这像基督教的教诲，我也在想什么样的"劝说"会说服富农分地给穷人，这和安那其取消货币的主张一样乌托邦。"为什么没有立法来管理这件事？"我问道。回答是马德里政府强烈反对征收，无奈征收行动自顾自开展。这也无法说服我。马德里政府在加泰罗尼亚毫无发言权，自治政府已在一九三二年就本地农业问题通过法案。没有普遍立法，是因为自治政府，而非马德里政府，不想为此立法。原因一目了然。为什么要在无法执行法律的地方立法？安那其或许也不觉得已强大到可以将其理念在加泰罗尼亚所有村庄实施，于是只能放任自流。

下一个问题：民兵是怎么组织的？这是当前关键的政治问题。加联社党与安那其之间的分歧十分明显。安那其赞成"民兵制"，发言人解释道，这意味着把安那其成员以及拥护者组织成队伍，开销主要由所掌控的工厂支付；这些队伍受选出的政治代表领导，代表再委任军官（仅仅是军事顾问）。这样的民兵部队可谓安那其的有力武器。反感革命的外国人说过的话在我脑中浮现。说安那其存有几千把来复枪，甚至还有缴获的大炮，存放在郊外，以应对突发事件。似乎人人都觉得安那其会再次发起袭击，不是针对法西斯，而是针对自治政府，加联社党可谓与其是一路。两天前,他们把三名成员送去加入自治政府,而安那其和马统工党仍拒绝参与合法政府。

据这位新闻处发言人说,加联社党赞成"军队制",自治政府和马德里政府也支持这种建制。这无需过多解释,"军队制"即组建常规军队,有指挥长官和仅任顾问的政治委员;指挥官不是选举产生,而是由上级任命;士兵并非因相同政治信仰而聚合,仅仅是作战集团。总之,加联社党希望组建一支听令于政府的军队,这政府他们也参与其中,安那其想要听自己指挥的军队。"军队制"或许会提高政府军的作战效率,"民兵制"尽管不利于与佛朗哥交战,却有助于推动社会革命发展。这一次,与之前讨论的所有问题相反,回答很明确。加泰罗尼亚左翼共和党-加联社党与全国劳工联盟-马统工党两者分歧之深显而易见。晚上,我看到报纸刊登的消息,三名加联社党成员已辞职,参与自治政府的又只剩下加泰罗尼亚左翼共和党。发生了什么?他们与加联社党起了冲突?我无法相信,但是还能有什么别的原因?

满腹困惑,我又出门,街上依然熙熙攘攘。在一片教堂废墟前,一伙民兵和几个姑娘聊着天,嘲笑教会。虽然是讲加泰罗尼亚语,我仍能领会大意。有两个主题引起别具意味的笑,表达憎恨也表达鄙视。其一是神甫的贪婪:所谓穷人的教会,并非管辖此生的教会,却享尽俗世的荣华富贵。其二是神甫行为不端,这引来更多笑声。这些话并不新鲜,也不能揭示焚烧教堂的深层动机,却有旁观的乐趣,看西班牙安那其如何把十六世纪新教宣传小册中反抗罗马天主教会的那些言论拿过来攻击西班牙的教会。西班牙教会与宗教改革时代的英国以及德国天主教会类似吗？下午晚些时候认识的一位美国商人把西班牙神甫与法国同道做了比较，后者精通教义，奉主虔诚，为人端正，而前者，平均而论，刚好相反。

这个美国年轻人竟然十分同情安那其——也难怪，他在巴塞罗那住得久，都成了半个加泰罗尼亚人。可以感觉到他深受革命感染。生意全毁了，年轻人说。他之前很富有，在几天里丧失了几乎所有财产，眼下勉强维持体面生活。他从未参与过政治。一般人以为他会怒不可遏。他精通本行，随时可以离开西班牙，返回美国开始新生活，却不想离开。他热爱这片土地和这里的人。不在乎损失财产，他说，只要取代旧秩序的是好得多、有尊严得多、快乐得多的联邦。

他十分钦佩安那其，有人视为救世主、有人视为魔鬼的安那其。最能引起他共鸣的是他们不看重钱。共产党人在胜利后的第一天就做出经济赔偿的声明，如给为保卫共和国而战死的将士遗孀支付抚恤金。安那其坚持认为必须有所牺牲，不计回报。自七月十九日以来，由安那其管理的工厂均不曾提高工资。

我告诉他几小时前我在加联社党总部听到不少抱怨，安那其缺乏纪律，缺乏组织能力。他也不否认。但却具有自我牺牲的热忱。似乎这才是令他钦佩的地方。"我没把加泰罗尼亚人看成斗士，"他说，"他们一听到枪响就逃，不管怎么说，一九三四年十月就是这样，脸面丢尽。"而这一次，出乎所有人意料，正相反。叛军将领没把巴塞罗那人放在眼里。"区别就在安那其那时没有参与，现在参与了，是唯一在战斗的人。"（我并不同意。七月十九日的战斗人人参与，团结一心，对抗卡斯蒂利亚将领；之前只有某些人参战，时而是安那其，时而是左翼共和党，孤军奋战，坚持不了多久。当然，这次安那其参与人数最多，也因英勇牺牲赢得了如今的威望。）

他带我来到阳台上，描述自己在七月十九日看到的一幕。在这条街的拐角驻守着一支炮兵分队，以两尊大炮控制着整条街。一伙武装工人，在一名突击卫队军士的带领下，朝着大炮，一发炮弹就能炸飞所有人的大炮前进，肩上的来复枪枪口朝上。炮兵被这不像是要对攻的举动弄得十分困惑。转眼间工人来到士兵面前，大声说不要向人群开枪，不要参与一场反对共和国的叛乱，反对自己的父亲母亲，应该转过身去，逮捕他们的上级。果真如此。士兵们立即转身。整个巴塞罗那卫戍部队都被告知奉政府之命，来镇压一场安那其叛乱。当他们明白情况正好相反时，都扔掉手里的武器，或转而对付把他们诱进这场战斗的上级。一些军官逃了，另一些当场被部下杀死，我的美国朋友说，炮口即刻调转方向。并不是哪里都以这样相对和平的方式战斗，他最后总结道，在许多地方经过激烈交火士兵才弃上级而走，但往往是如此结局。

晚上，我参加了一场马统工党集会，尼恩（Andre Nin）和戈尔金（Julián Gorkin）是演讲人。会议气氛热烈，虽然与会者人数寥寥。马统工党不算强大，演讲也没有多少新意。散会后和一个年轻人边走边聊，他是德国难民，熟读马克思著作。他说自治政府和马德里政府并非真想取胜，因为萨拉戈萨前线陷入僵局，马德里拒绝派飞机来轰炸萨拉戈萨，就像轰炸奥维耶多（Oviedo）那么犹犹豫豫。"他们害怕军事胜利会进一步助推革命。想把内战弄成失败，和佛朗哥达成协议，牺牲工人。"这并非马统工党的官方观点。社会党人、共产党人以及共和党人都害怕安那其再次发起袭击，但是说他们因此宁愿与佛朗哥做个妥协恐怕离谱。

和一伙民兵一同吃晚饭，谈到所接受的军事训练。只学了如何使用来复枪，没有教如何判断地形、如何挖战壕等等。这样就把年轻人送上前线如同白白送死。交谈时，几辆卡车满载志愿兵朝前线驶去。没有歌声，没有呐喊，嘴闭着，无比触目的沉默。

八月七日

我花了近一上午时间去为英国同伴和我自己办理通行证，没能办理成功。政府部门依然一片混乱。碰巧寻到一个负责人，打几行字这点事就花去一小时。实在厌倦再白白跑腿，下午，我设法联系到全国劳工联盟的德国人代表处（全国劳工联盟在欧洲多国设有分部），做一次采访。办公地点在工厂主联合会那座富丽堂皇的建筑，坎博的几套公寓和办公室都在这幢楼里。大楼被维护得格外整洁，一切井然有序。接待有礼貌，甚至可谓友好，所说的一字一句都流露出一种信念，如今他们是国家真正的主人，只是还不想正式登台执政，因而可以态度这样友好，却不必讨好任何人。

和我交谈的年轻德国人还不习惯宣讲辞令，他说的即是他脑中所想，也像很多年轻人那样天真；所说内容超出了简单宣传，回溯过去，也谈及将来。当然，是我把话题引到过去发生的事上。我在巴塞罗那这两天里有个想法日益清晰，安那其政策上的转变，仅仅与几年前相比也是非常大的变化，我想了解一下安那其自己怎么看。安那其一直不信任议会制，也反对任何形式的政府，在今年二月却没有再次提出放弃选举的口号，七月还参加了武装保卫自治政府。这是怎么回事，我问年轻人。对他来说这是个尴尬的问题，回答不离纲领。似乎社会党人与安那其有一点共同之处，像天主教一样，无论实际态度已经变化，信条绝不可变。这位德国安那其工团主义者不否认我所说的，也不否认确实有了转变，然而这是遵循安那其一以贯之的原则所做的变化。二月，允许追随者投票给人民阵线，仅仅是为了释放关押在狱中的同志；七月，参与战斗，不是为了保卫合法政府，而是为了尽快实现废除政权的目标。围绕信条打转的争辩可以循环往复地继续。我放弃了这个话题，觉得和信仰者争论信条毫无益处，除非我和他有相同信仰。讨论一下未来应该有意思得多。

的确如此，因为所谈内容充分证实了那些传闻。全国劳工联盟的领导人紧盯萨拉戈萨前线。只要萨拉戈萨还由叛军控制，安那其不会考虑变更政权；一旦攻克萨拉戈萨，局面将完全改变。安那其目前不打算大规模废除私有财产权，年轻人说道，在某些村子，他们已引入安那其式共产主义（comunismo libertario），设公共粮仓，分发所需，取消货币。也没有大规模工业集体化的计划。相反，要让街上的小型工厂和商店继续营业。也没想把自治政府抛开，在委员会基础上另建新政权。一切都在为更彻底的转变做准备。准备包括推行安那其式共产主义；在厂主消失的工厂建立管理组织；在其他工厂发展安那其；组织并扩大民兵队伍；逐步扩展政治委员会的活动范围，使其能够在关键时刻来临之际顺势夺取权力。我也明白攻克萨拉戈萨——年轻人似乎觉得为期不远——即是那个关键时刻。"然后我们会考虑提出更有助于实现最高纲领的政策，即废除政权（指以委员会取代自治政府），即使其他党派反对。"总之，在攻克萨拉戈萨之前，只做准备；之后，则会发起废除双重政权的革命，使全国劳工联盟掌权。安那其的谋划仅限于加泰罗尼亚，深知此时发起第二次革命，会陷于孤立，面临被马德里、佛朗哥和外国干涉三方夹击的境地。但是为什么攻克萨拉戈萨就是关键点，我依然不明白。

那三名加联社党成员从自治政府辞职是怎么回事？似乎是被迫行为，因为他们参与政府的举动恰恰和年轻人刚刚提过的"准备"相冲突。加联社党想为自治政府摘去"资产阶级民族主义者政府"这不太光彩的名号，也不愿全国劳工联盟是工人阶级反抗资产阶级政府的唯一合法代表。加入自治政府，他们就可以正式宣布这是个联合政府，即本地资产阶级和工会组织的政府。那就是为什么安那其以最后通牒的形式要求立即解除三名加联社党成员的部长职务，还威胁会离开民兵中央委员会，如果上述要求没有兑现。那意味着巴塞罗那街头会立刻爆发交战。没有安那其的支持，自治政府无法执政。加联社党在实力上比安那其弱得多，无法宣称代表巴塞罗那工人阶级，故不得不在压力之下退让。如今什么都做不成，要是没有全国劳工联盟的同意。

八月八日

早上我去走访一家集体化了的工厂，隶属公交汽车总公司。革命的成败很大程度上取决于工会管理工厂的能力。在俄国，集体化意味着——起初如此，之后又延续了很长时间——仅仅意味着工业整体上的衰退。西班牙情况又如何？

无可否认，那座工厂管理得非常好。自内战爆发才过去三周，大罢工还是两周前的事，工厂就已正常运转，就像什么都没发生过。车间整洁，操作有序。自集体化以来，这座工厂修理了两辆公交车，修好的那辆正在组装，还组装了一辆全新的。新车上写着"在工人监管下组装"几个大字。会在五天内完成，比之前提早两天。真叫人佩服。

这座工厂很大，不可能处处都作假充样给访客看，如果实际状况真是一团糟。我也不认为因为我会来参观而事先做了准备。但是，从这一个例子并不能得出什么结论。这是个特例。首先，加泰罗尼亚不能代表整个西班牙；整体而言，加泰罗尼亚人也擅于经营。管理委员会(完全是由从前的工人组成)和我讨论财务管理的各个方面,已在着手削减开支,如果是土生土长的卡斯蒂利亚人就显得十分古怪。第二,这座工厂是由技师管理,就世界范围而言技师都极具才智。不知加泰罗尼亚纺织工业情况如何(回到伦敦,我听到不少负面新闻,疏于管理,捣毁机器等等)。第三,安那其特意为我选择了完全由安那其管理的工厂来参观,不存在全国劳工联盟与劳工总会的竞争。新的管理委员会是工人们选出的,但似乎与之前的工厂委员会重合。造汽车技术上不难。巴塞罗那并不急需新的公交车,大多数工作是简单修理;不论技师属于安那其还是加泰罗尼亚左翼共和党,都愿意合作,因此工厂没有出现像俄国那样全线崩溃的局面:因为没有高级技术人员的阻挠。维修不需多少原料,这个工厂不必应对目前加泰罗尼亚工业最大的困难。镇上有不少传闻,大多数工厂都严重缺乏原料。公交汽车公司在财政上也处于有利地位。运营照常,收入稳定,几乎和之前一样。

即便如此,仍不得不承认对要接管一座工厂的工人来说,不管条件多么有利,在几天时间里就可以管理得井井有条,运转正常,这仍是了不起的成就。这充分显示了加泰罗尼亚工人的高效以及巴塞罗那工会的组织能力。我还看到了工资表,上面表明总经理、各个车间主任、总工程师和副总工程师已"消失"(被杀的委婉说法)。省下一笔开支,委员会成员说道,为管理者亲眷发放的补贴也相应取消,月最高工资不得超过一千比塞塔（自集体化以来工人工资不见提高）。这些加泰罗尼亚人在激战中无情杀敌，同时具有鲜明的商业头脑。

下午，在我的英国朋友与一位加联社党领导人的密会中任翻译。可以肯定，他十分清楚安那其的意图，急于谋划如何应对。他们对安那其的厌恶不比安那其对他们的厌恶少，不是最近才有，是日积月累的结果。打破安那其在巴塞罗那工会运动中的垄断地位似乎是其主要目标。然而眼下形势不妙。几天前，码头工人间的一小支劳工总会的三名领导人被安那其杀死。尽管全国劳工联盟声明与己无关，谴责暴力行径，没人相信这样的事会从此绝迹。

安那其并非只针对某个对手。昨天，马统工党成了袭击目标。一伙马统工党民兵正在集会，几辆卡车驶来，机关枪架在一扇扇门外，强迫屋内与会者缴械。安那其声称无法理解为什么这些人可以扩充武器，会对自己构成威胁。马统工党向民兵中央委员会提出抗议，然而缴械已成事实，无法改变。

八月九日

上午，我去蒙锥克体育场听了一场安那其集会。因为迟到，没能进入场内，成千上万的人站在场外听喇叭。没有阵阵高呼呐喊，人们安静专注，不时几声回应。演讲者们抗议马德里政府重组旧军队的计划，坚持"民兵制"。拒斥统一领导，西班牙不该模仿俄国革命。领导人加西亚·奥利弗（Garcia Oliver）承认萨拉戈萨前线陷入僵持，又讲起恢复弹药生产缓慢之不可避免，紧接着说："现在，同志们，我们不说六小时工作、八小时工作，还是固定几小时工作。我们得工作多久？我们要一直工作，直到革命胜利。"一阵死寂，很难说这表示赞同还是反对。无疑，奥利弗擅长把不乐观的真相讲给大家听。但安那其的日报《团结报》（*Solidaridad Obrera*）在报道此次集会时没有照录这句话。

下午我去了提比达波（the Tibidabo），这处旅游胜地晚上多了不少处决，或许现在依然如此。这是周日下午，游人熙熙攘攘，无论老幼，十分愉快，不受战争或革命的惊扰。港口内外停泊着四艘不同国家的军舰。

八月十日

我花了一整天时间在不同机构跑，终于办好手续，也找到了载我去前线的车。

八月十一日

在一条狭窄的街上，一辆车在激昂的人群中间缓慢移动，车内坐着四名持枪民兵，第五个人穿着无领衬衫，没穿外衣，面无血色，一个民兵以左轮手枪抵着他的头。显然是场逮捕，行进在处决路上。

我去兰布拉大道上一家比较像样的商店买些洗漱用品，店主说不允许他在周一上午出售。"我要去前线了。"东西立刻卖给了我，店主热情洋溢。家家商店仍然萧条。

加泰罗尼亚及阿拉贡前线

下午一点，在多天等待之后，我终于乘坐民兵中央委员会的车去前线，司机配着枪，还有一名配枪保卫。另有两人同行，《巴黎之箭》(*Paris Flèche*)驻巴塞罗那代表以及约翰·康福德先生（John Cornford），一位年轻的英国共产主义者。

加泰罗尼亚乡下确实不像从火车上看到的那样平静。在大多数村庄，一切入口都设了路障，日夜高度戒备。守卫还是戈雅画作中的农民装束，风尘仆仆，佩戴红色或红黑的领巾，以及红色徽章，有所属政党或当地委员会的标志。沉甸甸的子弹带成了腰带，围在腰间。有些人坐在路上，更多人蹲在由沙袋结结实实垒成的路障后面；滑膛枪或瞄准汽车，或用力挥舞。枪无比珍贵，最先进的都得追溯到抗击拿破仑时期，自那以后被当作传家宝保存下来。不知在紧要关头会不会走火。照例拦停我们的车，仔细检查证件：车的"通行证"，乘客的通行证，携带武器的许可，记者证，有时还要求出示保卫及司机的党员证。一天至少要查二十辆车，但过程顺畅。发展了工业的村镇检查得更仔细，有的普通村庄没设路障，连守卫也没有。

每个村子都有政治委员会，组成上与自治政府的法令一致，各个政党均派出代表。民众支持上，安那其在巴塞罗那省占优，而马统工党在莱里达省影响力最强，主要是因为毛林这位最有号召力的领导人来自莱里达。

我们经过的所有村庄和小镇，都专注于保卫家园，没有送一个人去前线。征兵主要在巴塞罗那开展。

没落小镇塞尔维拉（Cervera）曾有间神学院。我向守卫打听——望去至多十六岁的英俊少年，他脸上绽开深深的笑："啊！他们死了，都死了！"教堂烧得一座不剩，只剩下墙。这大多是安那其的命令，或是路过此地的民兵所为。这一地区并没有发生交战。

使人感觉到前线越来越近的迹象极少。道路平整，无损毁处，往来车辆比平日还少。几辆运送食品的卡车驶过，偶尔有辆载弹药的卡车驶过，驶向前线，空车返回。没遇到一辆救护车。

莱里达是所有通往萨拉戈萨前线南部道路的交汇点，想必十分繁忙。其实不然。三四十辆汽车和卡车在广场上停着，不时可见一些民兵，总共不过几百人。很多人聚集在镇公所，三句话不离布埃纳文图拉·杜鲁蒂（Buenaventura Durutti）。人称杜鲁蒂为"穷人的复仇天使"，手下民兵射杀法西斯、富人以及神甫毫不留情；不惜付出巨大伤亡代价，朝萨拉戈萨挺进……种种事迹在加泰罗尼亚民兵间流传。有些人正是其部下，笑着给我看自制达姆弹（在普通子弹顶部割一道口子）——天真的笑，没有一点儿施虐的意思，就像孩童喜爱一件好玩意。"囚犯们嘛……"一人说道，意思是为每一个囚犯都备好一颗。战争的气息扑面而来。我想佛朗哥阵营也是类似情形。新闻记者得保持安静，如果不想惹麻烦。

吃饭可不容易，实行配给制，这实为接近前线的第一个迹象。

觅食处处碰壁，在一个咖啡馆前遇到一伙人，吃着煎蛋饼，亲切地邀我们一起吃。他们不愿透露国籍，刚坐下我就认出一位苏联记者，在报纸上见过他的照片。即使没见过照片秘密也保持不了多久，从他的口音和偶尔与同伴说的几个俄语词也不难猜测。他一心认为一个革命者需要时刻注意隐藏身份，还觉得外国人对苏联一无所知。话题又转到安那其，我们都觉得安那其正从反对集权转为革命专政。"那样的话，"他说，"他们得离开安那其，加入共产阵营。"我想不必加入共产国际，安那其自会演化出一种新态度。

夜晚继续行进，一路畅通无阻。村庄少了，守卫也少了。如果一支敌军巡逻队穿越前线，不会遭到任何抵抗就能切断通讯、截断运输线。在弗拉加（Fraga）过夜，已是阿拉贡域内。

八月十二日

旅馆里也住着法拉尔少校，自治政府军的副司令。他本在军中服役，一九三三年被罗夫莱斯政府解职，后被自治政府任命为加泰罗尼亚特别警察卫队司令。卫队负责保卫加泰罗尼亚自治政府。一九三四年十月，法拉尔参与加泰罗尼亚起义，失败，被判死刑，后改为终身监禁。一九三六年二月被释放，又任特别警察卫队司令，七月参加了巴塞罗那巷战，随后任副司令。他隶属于加泰罗尼亚左翼共和党，知名度上仅次于杜鲁蒂。交谈中他说到前线陷入僵持："但是我们处在一场社会革命中。"这种坦承社会革命的态度，在安那其之外可不常见。没交谈几句他就转过头去，大声催促快上饭菜。随从副官围坐在另一张桌前，聊得兴起。显然，这一支重要部队在整个晚上以及入夜后与前线无联络，电话不响，通信员亦不见踪影。也许法拉尔已久着便服。但他给人一种印象，是个敢于冲锋陷阵的人。

弗拉加地处前线正后方，食物供应有严格限制，住宿也是。多亏法拉尔，我们才能住下，人人有床，有食物。旅馆老板怒气冲冲，显然太多欠账。他意识到我们愿意付钱后，态度就好多了。

酒馆里挤满村民。三个外国人可是新鲜面孔。他们马上自豪地列举种种战绩。大多是安那其。手抵在喉咙上，一人说他们村杀了三十八个"法西斯"（村子仅有约一千名居民）。没有杀妇女儿童，只杀神甫、神甫的拥护者——律师父子、大地主，还有几个富农。起初我觉得他在吹嘘，第二天早上，从其他农民的交谈中得到证实（也有人觉得杀人不值得夸耀）。我也了解到一些详情。并不是村民,而是路过此地的杜鲁蒂民兵发起的处决。抓了所有有反动嫌疑的人,押上卡车,在监狱执行枪决。他们让律师的儿子回家,但他要和父亲死在一起。邻村的富人、神甫以及天主教徒愤而反叛,村长试图斡旋,一列民兵开进村庄,射杀二十四人。

遗留的财产如何处置?房屋被委员会征用,贮存的食物和葡萄酒拿去给民兵。我没有打听如何处理钱财,关键是土地和地租,那还没有任何决定,而处决已是半个多月前的事。照从前一样,租地仍由佃农耕作,大田产仍由农场工人耕作;委员会代替了大地主,雇佣所需工人。至于其他,仅有些泛泛打算:把地租减半,征收的土地一半分给贫农,另一半由委员会管理,为村庄集体财产。显然,这里的农业革命不是农民自己激烈斗争而来,而是处决带来的。大多数农民都茫茫然。"该干什么?他们总该理理清。"我问:"谁来理清?""啊,我怎么知道?总该有些管理。"我想起昨天在别处也听到类似回答。

我们向北行驶,到达萨拉戈萨前线的飞行营。我去探访了两次,一次在下午,一次在晚上。这里没有部署高射炮,我问了几个飞行员,也说意外——敌人对此视而不见,没有实施突袭。夜幕降临,我看到不远处打出通敌信号。飞行员们说每晚都出现,却没人想派巡逻队去侦察一下,真是说不过去。一小支民兵队伍在今晚到达,个个兴高采烈。他们迅速支好帐篷,有序就寝。这些男孩大多数是头一回露营,接下来的任务有多艰巨,还无暇多想。

为什么飞行员仍效忠于政府？服役几年后，会选出条件合适的士兵接受飞行训练，因而发起反叛的基础——战友情谊较淡薄。而且正如一位飞行员所说，他们因技能突出被选中，那似乎往往有与左翼相合的趋势。毕竟，现代工业与西班牙式天主教思维不太合，习惯了繁文缛节的西班牙官员无法想象如何操纵机器。这位飞行员是自由派，无社会主义倾向，我问他怎么看待周围发生的变革。"该发生的终究会发生，"他这么回答，"现在我们一起战斗，抗击法西斯。"后来问起另一位飞行员，回答得干脆："一场灾难。"他的同伴似乎也这么想，却被打断话头，不让他再说下去。这些自由派军人进退两难，一面要对共和国效忠，一面又反感安那其。

我们终于抵达前线。几乎错过这不显眼的前线。向北行驶在通往韦斯卡（Huesca）的路上，汽车被一位站在路中间的守卫紧急拦停，再往前就驶进了叛军占领区。我们爬上山，山下是阿尔卡拉村（Alcalá de Obispo）。一颗炮弹在远处爆炸，却听不到任何声响。没有一排排军队、一条条战壕，"前线"就是由约三百民兵驻守的阿尔卡拉村，以及半英里外的先遣队组成。最近的村子在几英里外，也有民兵驻守，但与此地毫无联系。眼前所见不禁让我想起外国报纸刊发的西班牙内战报道，那报道让人以为是几万人参与的大战。

过了一阵我才意识到，自己正在遭受炮击。耳边传来一声"躲避——"，敌人据守蒙特阿拉贡要塞（Castle of Montearagón），正朝前线开火——瞄准的是离阿尔卡拉半英里之外的地方。据军人说，那里什么都没有，只有群群麻雀。一大群士兵站在山头看好戏。一听到炮弹的呼啸我们就后退几步，随即发现又炸偏了。

昨天，遭受猛烈炮击的自治政府军不得不撤离希耶塔莫村（Sietamo），但侦察似乎不是敌人的强项，至今没能确定前线位置。这边的发射侦察能力亦有限。约六架轻型野战炮架在村前，偶尔开火，缺乏有效定位；两尊榴弹炮架在村后，瞄准手站在教堂钟楼上，几乎正对炮口。经过一整天的炮轰，并无一例伤亡。

我的探访被打断，因为法国同伴拍了一张照片，仅仅得到一位军官的许可，没有去部队的政治委员会申请许可，结果只给我们五分钟采访时间，时间一到即被请走。这支部队主要由马统工党民兵组成，也有部分现役军人，有军官也有士兵，对共和政府保持忠诚。从制服上可把他们和民兵区别开，以及那漠不关心的态度。他们也没有政治委员，在委员会中是由长官代表。正如我在巴塞罗那所了解的，将领仅任军事顾问，军队的领导权在委员会。

我们想寻找另一支更欢迎我们的部队。车抛锚了，被困塞里涅那村（Seriñena）。

八月十三日

被困二十四小时，起初很恼火，后来不断有意外发现。获得吃饭住宿的配给票也仿佛战斗，每一顿饭都得分别向当地委员会申请，正常三餐只供给居民和军队。经过商量，我们可以在军队食堂吃饭，也因此结识了很多军人。

与当地委员会主席，一位安那其烘焙师愉快地聊天后，我们准备告辞，天色已晚。在食堂门口，守卫拦住主席，说了说情况。他邀我们一道去广场，那里的教堂几天前被焚烧。这里发生十几起处决，其中包括一位公证人，其住所和办公室就位于广场后身，存放着地契等文件。这些地契以及从办公室搜出的其他东西正在广场中心的篝火里燃烧着。火焰蹿得高过教堂尖顶，年轻的安那其们还在从公证人的家里搬出更多，以胜利的姿势投进火中。另一些人静静注视着火焰。这不仅仅是销毁那些不再需要的文件，对参与者来说，这个举动有着深刻意义，象征着摧毁旧经济秩序。

现实与这个具有象征意味的举动相符吗？显然，只有在这种财产私有制本身被废除的同时才具有切实意义。当地委员会在安那其的引导下废除了地租，征收了四座大型庄园及其农用机械。征收并未触及普通农民的财产，而公证人保存的文件中有相当多属于这一类。无论怎样，还是有所成就！与弗拉加面对革命成果茫然而立的农民不同，这里把东西派上了用场。征收来的机器是热门话题。

我起了疑心，果真像人们说的那样，农民能够使用这些机器，还是仅仅有点儿想法。但是，亲眼所见有所改善。第二天早上，我就在街头拦住两个年轻安那其，请他们带我去看看脱粒机。我们来到村庄外的一组谷仓。仓前竖立着四架征来的机器，脱粒小麦已堆了高高一座。约十人操作一架机器。从服装就能看出来，听闲聊更可确定他们都是农民（不是没有土地的农场帮工）。正在给其中一人的小麦脱粒，明天会把机器运至另一个谷仓，给下一个人的小麦脱粒。工作迅速，面露喜悦，据我观察，操作机器熟练。村里还有位技师会修理机器。使用征收来的机器实属自愿；也有仍用传统工具来脱粒的，这样的人多为较年长一辈。在农民结束工作后，委员会想用机器对征收的小麦脱粒，并作为军粮贮存在教堂里。

如在弗拉加一样，在塞里涅那也有一股对政治不闻不问的漠然气氛，也有一伙活跃的安那其，多为年轻人。弗拉加的安那其在杜鲁蒂纵队的影响下，促成一场大杀戮，却止于杀戮，别无所成。塞里涅那的安那其则是自己作主，因为前方不是安那其，而是一支马统工党民兵部队，一座安那其村庄和马统工党民兵的关系谈不上融洽。尽管如此，杀戮却少得多，也显著改善了农民生活，并且明智地不去强迫不愿改变的人们，而是等待效仿来发挥作用。

在街上，这么多天来我头一次见到一个衣着讲究的男人；一大群农民围着他交谈，气氛热烈而融洽。他看起来像个高级官员，其实是村里的兽医。显然他不害怕穿得与众不同。不久我见到他的女儿，是一位护士。村医院已临时充当军用医院。她当然比从巴塞罗那来的志愿者护士更专业，也很乐意自己能出一份力。似乎有不少知识分子，加泰罗尼亚本地观十分强烈，却能尽心尽力与安那其共事，而其他人，如我之前遇到的飞行员，并不愿意。

临时医院设施完善，由本村医生负责管理。但在我参观时，十六张床里只有四张睡着人，还是普通病人。相邻另一所医院也只收治一位伤员。战争并没有带来多少伤亡，后方地区的杀戮却比比皆是。

八月十四日

昨天下午，车终于完全修好。抵达勒西涅那（Leciñana）。萨拉戈萨前线上有两支马统工党部队，人数较多的一支就驻扎在此。领导人葛罗西待人格外友好，为探访行各种方便。这里和阿尔卡拉村一样，几百名民兵驻守村庄，前方还有先遣队。与邻村没有联系，那里由自治政府军占据。葛罗西领我们去看先遣队。他们据守在约半英里外的几座山上。午后烈日当空，参谋们不愿走路，我也觉得开车更安全。扬尘扑面的平原，四处静悄悄，虽然敌人就在邻村据守，汽车是再显眼不过的目标。先遣队员有的藏在石头后面，有的挖了浅浅的壕沟，没有配带刺铁丝网。哨兵每人一挺机关枪，以树枝伪装。已守了五天，却不能说有多吃苦，壕沟里还有床垫！民兵在上周发起夜间突袭，占领勒西涅那，之后再无交战。

回到勒西涅那，先遣队解散。这支四百人的队伍被召集到广场，葛罗西站在阳台上，做了简短演讲，要加强纪律。一小时后，带领下一拨人前去驻守，待了一整晚。民兵依然身穿惯常衣着，无纪律可循，连排成队列的号令都没有。制服罕见，穿着各异，又五颜六色，艺术家看了会觉得美丽，军官可不见得欣赏。没有一丁点儿把大家组织起来的打算，施以军纪，加以训练。这并不难，前线后方的空地是一块理想的操练场，而民兵无所事事，无聊至极。葛罗西乍看上去有些鲁莽，却是个有趣的人，也具有凝聚力。他以前是一名阿斯图里亚斯矿工，抗争经历累累，敢于冲在前面，也懂得众人心理。但他不擅长组织，对如何作战也缺乏考虑。他和军事顾问始终在较劲。士兵三三两两聚在小酒馆里，没有据守固定位置的概念。

在一群男人中间，我们发现有位女兵。她并非来自巴塞罗那，而是加利西亚人，与一位突击卫队成员结婚，后来离婚，如今追随爱人来到前线。她非常美丽，却没有引起特别注意，他们都知道她和爱人在一起，在革命者看来这与婚姻是一回事。每个士兵都很佩服她，与其他两名同伴一起经受炮火，在先遣位置守了那么久。"是不是很艰苦？"我问道。"不，对我来说真是振奋。"[1]眼里闪着光芒，我相信她的话。身处一群男人中间一点儿也不尴尬。有人拉起手风琴，《库卡拉恰》(La Cucaracha)的旋律响起，她随即起舞，其他人唱歌。一曲终了，她又成了他们的同志。村里姑娘严守传统，不与民兵多说一句话。有些护士才随和一些。

晚上，我和几个外国志愿者在一幢被遗弃的房子住下，房主拥护叛军。屋里一片狼藉。柜子已损坏，内衣、书籍、衣

---

[1] 原文为西班牙语。

物、宗教物件、儿童玩具等等散落一地，仿佛劫掠过（其实没有）。这样住下并不舒服，民兵却也并不清理。乱糟糟的住处恐怕无助于提升士气。

次日早上很热闹。先是一个士兵遭到枪击，搜查在事发区域内展开，一无所获。那个士兵认定自己被一个潜伏的"法西斯"打伤了。不久，三架敌机出现，整个民兵部队及村里半数居民都拥到广场上看。执勤回来的葛罗西下令机关枪准备射击，敌机却没有投弹，这可是头一次。据我观察，之前的日间轰炸毫无效果。村里只有一处浅痕，我都辨认不出那是炸弹炸的。显然炸弹质量极差。但是几天前一个农民因此丧生，他正在收割一片被弃土地，女人仍难过得流泪："先生，多残忍的战争！他们杀死了我们的男人，当场就死了。"这是这么多天以来唯一一起伤亡。

遇见一伙来自对面的逃兵。都是普通士兵，被卷进这场反叛。入伍之前都是社会党人或安那其。似乎这样的逃兵遍布前线。俘虏往往当场枪毙，他们甘愿冒险。来到这边先得证明自己确实属于革命组织。他们说不少叛军将领信不过手下士兵，不愿带他们去前线。但是，并没有强迫士兵参加宗教活动。

回来路上经过阿尔库比埃勒村（Alcubierre）——先由民兵占据，后被叛军攻占，再被政府军夺回。叛军占领这里后，枪杀了所有最活跃的安那其和社会党人，总共八至十人。后来政府军也杀了这么多人。

到达巴塞罗那已是深夜。约翰·康福德先生没有同行，他已在勒西涅那应募入伍。

八月十五日

我在火车上结识的英国人与另一伙人一道探访前线，到过塔尔迪恩塔（Tardienta），加联社党部队指挥部所在地。他说加联社党部队占领塔尔迪恩塔时，处决了"法西斯"，搜罗到数量可观的钱财、珠宝及其他贵重物品。又派一辆护卫森严的汽车将这些东西运往巴塞罗那，交给总部。护卫们似乎只持个人证件，所运的财宝无任何凭证。在下一个路口被一名马统工党民兵拦住，例行搜车，怎么解释都无济于事，还被押到部队驻扎处，因抢劫被枪决。尸体装进棺材，送回塔尔迪恩塔，受到隆重礼葬。托派对抗斯大林派！

这位英国人还探访过杜鲁蒂纵队，无法认同他们。的确，在进攻萨拉戈萨上他们比其他队伍都领先，并且不吝惜牺牲——后备力量充足，民兵源源不断，从巴塞罗那征召。最终，总司令比利亚尔瓦下令停止这种做法，几经争辩，杜鲁蒂才放弃进攻。据我所见，其他部队都没有夸张的进攻热望，也无人牺牲。这样不知何日才能攻进萨拉戈萨。也许杜鲁蒂走了极端，但是，在无谓牺牲和无所事事之间得找个平衡点。就整个前线而言，如果运用得当，这种突击战术会非常有效。

英国同伴还说到他们所实施的政策。农民对共和国心怀热情，而杜鲁蒂纵队却能做到招人恨。他们离开了皮纳村（Pina），因为村民以沉默相抗，没法再待下去。他们要征收粮草,处决"法西斯",只论嫌疑,不管真假,惹得全村都要起义。处决仿佛是政策,每到一处杜鲁蒂部队都要进行处决。他还被邀请去看,好像值得欣赏。

亲眼见过前线,才意识到各路政党的谋划多么缺乏现实考量。他们都以为萨拉戈萨即将攻下,其实那是遥遥无期,因为整个前线处处松懈。马统工党成员指责政府有通敌意图,阻碍军事行动,其实与事实不符。需要一伙极有能力的将领和政治家来提升民兵队伍的作战能力,这样的人在哪儿?如果说马统工党的猜疑和安那其的豪情都毫无根据,加联社党和共和党人的焦虑也一样。各路党派必须合作,才能克服民兵作战能力不足的劣势。社会党人和安那其先得克服对彼此的厌恶,安那其不再坚持反对集权。这可能吗?安那其并非胜券在握,也早已改变良多。

八月十六日

周日,在海滩。挤满兴高采烈的人群。以前多是有钱人来游玩,豪奢气氛荡然无存。到处是无产者。

八月十七日

听到令人瞠目的话。加联社党的代表们认为,西班牙并没有发生革命。他们不是老式加泰罗尼亚社会党人,而是外籍共产党人(我和他们聊了很长时间)。这真是罕见,他们说,政府在与自己的军队交战。仅此而已。我说起工人有了武器,日常管理也是由革命委员会负责，不经审判就被处决的人成千上万，工厂和大庄园均被征收，由劳动者自己管理这种种事实。倘若这些都不算革命，那什么是革命？他们说你理解错了，那都不具有政治意义；只是紧急举措，与政治无关。我提起位于马德里的加联社党总部，把这场运动称为"资产阶级革命"——起码承认它是革命。代表们断然否定总部的观点。这十五年来他们认定了多少实际上没发生的革命，因了这些错误判断付出沉重代价，如今身处革命现场——自一九一七年俄国革命以来在欧洲发生的第一场革命，却认为这并不是。看来加联社党同安那其一样，有切实的相互理解之前先得摒弃不少古怪想法。是否能够达成理解将会决定革命的命运。与法国或俄国革命不同，西班牙革命无法凭借革命各派交战来解决问题，至少目前是如此。佛朗哥强大得多，只要革命阵营发生内讧，胜利就会属于佛朗哥。这也是对立政党没有公开决裂的原因。但他们的所作所为堪称火上浇油。

赫苏斯·埃尔南德斯（Jesus Hernandez），西班牙共产党中央委员会委员，接受了一家法国报纸（非社会主义倾向，如果没记错，是《巴黎午报》（*Paris Midi*））采访。他公开谴责安那其，说他们宁愿待在后方，滥杀无辜……打败佛朗哥后，共产党会迅速取代安那其（尽管就目前力量比较而言，正相反）。我旅馆里也住着一位安那其，法国人，精于实施恐怖活动，得知上述采访后，和一个记者冷冷说道："写这些垃圾的人不配活着，也不会活着；不管在哪儿我们都能找到他。我们会除掉这些人渣。"① 类似的话说了不少,他眼神笃定,不像是在开玩笑。

八月十八、十九、二十日

疲乏,在锡切斯(Sitges)稍作休息。这处著名海滩如今十分荒凉。往日多是富有的游客来这里,眼前的葡萄园却被害虫侵占。氛围也紧张,实比探访过的其他村庄更压抑,尽管表面看来十分安宁。在内战爆发几周前,自治政府在一幢悦目的公共建筑里设立了新的公共图书馆。此刻阅览室里满是热切的年轻人,来自不那么富裕的阶层,有男孩也有女孩,大声抗议我和管理员的对话打扰到他们。在阅览室安静的阅读,如今几近奢求。

不少度假别墅被征收、闲弃。房主去哪儿了?我在返回巴塞罗那的路上了解到,其女眷得给民兵做洗衣等杂役。西班牙人不会乘人之危,被投监或枪决的男人的女眷不会遭到骚扰,这里却是例外。我本人在西班牙期间并未遇到什么困难,但在车站遇到一位女民兵搜查行李,态度毫不客气,似乎一心想多损坏几件东西。而在加泰罗尼亚其他地方,搜查行李的做法早已取消。

有天下午,海滩上焚烧宗教物品。委员会通知每个人交出画像、雕像、祈祷书、护身符等等,集中焚毁。女人们拿着小物件,大多数人都不情愿,依依不舍地与手里的东西告别,它

---

① 原文为法语。

满载家族记忆,已是日常生活的一部分。没有人觉得这值得庆祝,除了孩子们。他们开心至极,把雕像扔进篝火之前割掉它的鼻子,以及类似的各种恶作剧。这样的焚烧让人反感,也是欠考虑的做法。与其说毁灭信仰,不如说是唤醒。我不认为所有委员会都会做类似的硬性规定。

有一晚,从马略卡岛方向传来猛烈的炮火声。海滩上的渔民们不承认自己听到了什么,显然害怕说错话惹祸上身。那么,不只是富人提心吊胆,穷人也一样。最糟的是,生活并无改善迹象,这些渔民仍为主人服务,委员会似乎疲于应对。像在锡切斯这样的地方,大多数民众持漠然态度,管理不可避免地落入一伙资质可疑的人手里。

八月二十一日

上午在巴塞罗那,一位来自英国的马统工党女民兵告诉我另一处加泰罗尼亚海滨度假胜地托萨斯(Tosas)的故事,在内战爆发之前她就在那里。也焚烧宗教物件,由邻村的安那其发起。她觉得农妇们并不愿交出来,但是看过焚毁后,她们深信天主教走到了尽头;她听见她们说着"圣约瑟死了"。[①] 次日,村子自己废除了"A Dios"这个问候语,"因为天堂里不再有上帝"。村里有两位神甫,一位信仰狂热,严守戒律,另一位正相反,尤其和姑娘们往来热络。后者在革命伊始即被藏起,

---

① 原文为西班牙语。

免于拘捕,而"好"神甫是反叛者的同伙,为全村人所痛恨,逃跑途中从岩石上跌落,摔断了脖子。托萨斯的农民也不知道该拿征来的土地怎么办,地主是政府的敌人,已遭处决。

下午乘火车去瓦伦西亚,有一等、二等车厢及餐车,准时抵达。

在瓦伦西亚的两日

以下是瓦伦西亚反叛经过:莫尔塔将军瞻前顾后,想等其他地方反叛有了结果再做打算。马德里政府派出三人代表团到瓦伦西亚掌管权力,以马丁内斯·巴里奥为首(他也是议会主席)。起初他试图和莫尔塔将军谈判,并没有把当地的社会党人和安那其纳入考虑。两人有一脉共同背景,都是共济会成员,巴里奥觉得这是个优势,但莫尔塔也这么想。瓦伦西亚周边地区的反叛均被扑灭,莫尔塔打赢一仗的几率不大,此刻举行谈判显然对他更有利。几天后,巴里奥返回马德里,带着莫尔塔提出的条件。将军并未被召立即听令于政府,而是被当作有权谈判的个人。他向政府提出了哪些条件并未公布,据传他不折不扣地要求现任政府解散,新组政府来对佛朗哥和共和国进行调解,其中莫尔塔(也参与了反叛策划)和巴里奥需任职。无论这些是否即是巴里奥带回马德里的那些条件,都没能达成实质性结果。马德里与莫尔塔将军的谈判陷入僵局。与此同时,革命发展迅猛。社会党、安那其以及当地共和党组成人民执行委员会,组建民兵部队。起初拒绝谈判,随后干脆拒绝听从马德里。巴里奥再赴瓦伦西亚，试图达成和谈。委员会则向军队下了最后通牒，士兵可自愿撤离，其余士兵也意见不一，人心涣散，被武装民兵打败。民兵攻占兵营，所遇抵抗甚微，大多数军官被杀。巴里奥不得不离开瓦伦西亚，前往阿尔瓦塞特（Albacete），位于马德里与瓦伦西亚之间的小镇，几天前被政府军夺回。在巴塞罗那，人们说瓦伦西亚是"由工人统治的镇"。

八月二十二日

亲眼见到瓦伦西亚，才发现是另一番景象。外人以为这里已是独立的苏维埃共和国，实则比巴塞罗那的"苏维埃"程度还低，仍是彻头彻尾的"小资产阶级"城镇。武装民兵比巴塞罗那少得多，被征收的商店也不那么多；红旗也少，更多西班牙国旗和瓦伦西亚旗帜。更多车辆属于政府部门，而非工人委员会或工会。街上更多衣着时尚的人，乞丐也相当多，而在巴塞罗那几乎一个都见不到（新成立了帮扶委员会）。瓦伦西亚并没有像巴塞罗那那样经历巨变，仅仅是与驻守士兵短促交战后，催生了某种地方独立。仅此而已。

本地政党在革命中起到什么作用？他们似乎在各个方面都较巴塞罗那为弱。加泰罗尼亚左翼共和党把杂货店主、手艺人和知识分子团结起来，与佛朗哥战斗是为捍卫自己的权益。瓦伦西亚也要求自治权，要求承认瓦伦西亚方言，但是这场运动势头不强。结果整个商人阶层（他们在像瓦伦西亚这样的城市至关重要，因为瓦伦西亚商业发达，几乎没有工业）要么漠不关心，要么抱有敌意。瓦伦西亚种植柑橘和稻米，灌溉系统也完备——阿拉伯时代的沿袭。村里居住的不是境地悲惨的农奴，服从于几个本地权贵，而是富足的农户。在二月选举中许多村庄完全投给右翼，我们问起这些果园是否受到革命的波及，人们漠然以对。

支持革命的人群中间无疑是安那其势力最强。他们统率着码头工人以及运输工人、建筑工人等体力劳动者。如巴塞罗那一样，社会党人的劳工总会有白领劳动者的支持，在铁路工人中间亦有号召力。社会党和共产党有各自的组织，不像加泰罗尼亚那样合并为加联社党（在西班牙其他地方亦无合并）。但共产党与马统工党都势力较弱，对政治有兴趣的劳工总会成员追随社会党。共和党在市民阶层中间有一定影响力，却分裂成三派，一支亲马德里，另两支主张本地自治。

这里的安那其也比巴塞罗那的更温和，尽管并不打算与社会党人合并，却愿意合作。社会党人左倾得厉害，甚至共和党看起来也和安那其关系不错。我把能探访的政党总部都走了一遍，参加了一场人民阵线的大型公共集会。

去共产党总部，走进书记室，一眼就看到斯大林的巨幅画像和较小的基洛夫像。旁边又有两张海报，写着"尊重小农财产"和"尊重小工厂主财产"。书记语多抱怨，"三人代表团是由总统任命，安那其就不明白自己得服从，他们想要地方独立。……社会党人还不赖，如果只追随普列托（右翼领导人）"。"但你们毕竟还有共和党的支持。"我说。"别指望那个，"他回答，"他们总是偏向安那其，我们不能眼睁睁看着，共和党人撤换了委员会代表，如今的代表坚定反对安那其。""那么，你们没有任何支持？""我跟你说，只有我们在这儿坚定执行马德里的命令。"交谈间，一人冲进来报告，安那其刚刚强征了一辆属于共产党的卡车。书记奔向电话，打到安那其总部，争执起来，我们的谈话就此结束。

如果说共产党人在城镇的影响力弱，总还有些来自农民的支持，因为有保护农民个人财产的政策。本地共产党委员会向我介绍了稻米种植协会的情况（法律规定，所有种植稻米的农民都得加入）。之前的管委会被废除，新成立的由一位社会党人领导。管委会希望改善稻米买卖，如今三十三家稻米加工厂都由工会管理，同这些工会谈判总比和一个个厂主谈容易。稻米种植不乏大户，普通农民并不愿攻击富农，因为他们管理着灌溉协会，稍稍扰乱这套复杂的灌溉系统，后果都不堪设想。

上述交谈在次日得到充分证实，我在一位安那其的带领下去果园探访。安那其仍是最活跃的，却没有赢得大多数人的支持；这里对政治漠不关心（或许也有厌恶），比加泰罗尼亚或阿拉贡的村庄严重得多。也有多起处决，但是这是个富庶地区，把所有富农都枪毙的想法显得匪夷所思。毫无疑问，这里的农民不支持安那其的集体化。在锡拉村（Silla），几个当地委员会成员和安那其起了争执。他们认为农民的土地当然该归农民，和从前一样，哪怕是遭处决者的土地也不该集体化，该分给农民。不管我询问哪里，都发现对如何处理征来的地没有定论，农民感到茫然，几乎可谓漠不关心。同时，有些农场工人是劳工总会成员，劳工总会亦不想让征地荒废，工人继续耕作，工资和从前一样。但是，现在和农场工人会签订劳动合约，一位年轻的共产者说，权益终究有了保障。

人们沉浸在良好意愿里，并不考虑实不实现。在村委会我了解到，安那其发起多项改革，尤其自豪于所有作物都直接卖给工会。这真了不起。好奇心驱使，我说想与负责主要农作物（此时是小麦）买卖的人联系，做个采访。无人回应。几分钟后，他们终于承认，并没有负责人。仍和从前一样，由个体商人处理。事实上，处理出口作物，如瓦伦西亚的柑橘，远远超出小村子的能力。虽然"安那其式共产"还无法实现，总可以讨论讨论。

在甘地亚镇（Gandía），首次遭遇枪击威胁。我正与劳工总会本地支部的秘书长讨论农业问题，一个捎信人进来，说几位绅士在外面等我。是四个穿着制服的人，袖口缀一道道条纹，我不认识那制服。他们开始盘问我，问我为什么来这里，我说特意来到这里是为调查农业革命，他们反驳说西班牙没有农业革命，我的调查很危险，西班牙现在并不想被外国了解，如果我想带什么新闻回去，就说所有人都团结，都听从政府；我必须马上离开，否则会被"消灭"。我告诉他们是人民执行委员会新闻处的汽车载我来的，要不要和我一起走，监督我离开？他们不想——极其明智，我也没有离开。后来我发现这些人是以前的普通警察，当然只是在尽分内职责。我的安那其同伴可不信，坚持认为只有共产党人才会这么干。我说我观察到共产党民兵的制服袖口上不配条纹，他们也不信。那些人哪种装束都愿意往身上穿戴，他们说道。这也不能说服我。

下午，在瓦伦西亚，我参加了人民阵线的公众集会（安那其和马统工党均不属于人民阵线）。约五万人到场，气氛热烈。当多洛莱斯·伊巴路里——"热情之花"出现，民众沸腾了。她深受爱戴，政府官员中间没有能与之相比的人。她担得起这声誉。并不是因为她具有政治头脑，相反，打动人心的恰恰是她与政治阴谋那一套毫无关系：朴素、自我牺牲的信念，从她说的一字一句中流露出来。更可贵的是谦逊。一袭黑衣，整洁、得体，没有一点儿打扮的刻意。演讲简洁直接，不用修辞，不在乎戏剧化效果，也不像其他演讲者那样宣讲政治信条。演讲临近结束，她的声音突然嘶哑。自内战爆发以来她已在大型集会上做了无穷无尽的演讲。她坐了下来，挥了挥手，仿佛在说："没办法，说不下去了，抱歉。"没有一点取悦听众的意思，也毫不关心演讲成功还是失败，仅仅惋惜无法继续说还想说的话。这个手势无比简单、真挚，比整个演讲更让人感动。她看起来像五十岁，其实不过四十，言语手势流露着深沉的爱与隐忍（她有五个孩子，一个女儿跟她来到会场）。民众崇敬她，不是因为她的智慧，而是把她当作圣徒一般，可以在艰难困苦和充满重重诱惑的岁月里引领他们前行。

八月二十四日　瓦伦西亚至马德里的火车上

在过道里遇到熟人,两位巴塞罗那的年轻安那其,去为组织办事。我在三等车厢,他们在一等,组织提供的免费票。我们一起在餐车吃饭,还邀我去他们车厢。我说他们变得"资产阶级"了,他们一笑置之。毕竟变化还不大。坐一等车厢,仍穿着工人服装。其中一人把来复枪放在行李架上。对面坐着一对夫妇,显然不是乘免费票出来,可能是瓦伦西亚富裕的杂货店主。妇人被枪吓坏了,其实毫无危险。他注意到她紧张不安,倒像孩子一样更摆弄起来,一会儿装上子弹,一会儿卸下,夫妇愈发害怕。两者之间并不存在真正的敌意,旧上层与新上层阶级,在火车上有了这么滑稽的相遇。

我们取道南部,途经干旱的拉曼查平原。小麦收割正在进行,往常在七月结束。我们谈起农民生活之艰难,突然,在东北方向,一道蓝色山脊显露。"这是瓜达拉马山吗?"我问,他们说是。我瞬间意识到马德里随时可能沦陷,一旦叛军突破瓜达拉马前线。

八月二十五日　马德里

昨天傍晚抵达阿托查车站,一派平和。与各地一样,不见出租车,却有搬运工。地铁等公共交通工具也照常运营。食品供应是个大问题,旅店主焦虑得多。几次寻找住处都徒劳而返。店主筹集食物困难,也不想让陌生人住进来。最终找到一间瑞士人开的家庭旅馆。经营者抱怨方方面面的难处,却有足够好且丰盛的食物招待客人。

街道给人的印象与巴塞罗那十分不同。巴塞罗那见不到乞讨，瓦伦西亚有乞讨，马德里则随处可见。一群群在咖啡馆里乞讨的儿童尤其惹人讨厌。这不像是内战引起的，仅仅是积习难改。告诉男孩如今有为穷人提供免费食物的地方，他也不在意，继续乞讨。如果乞讨仍如往常，那么一定程度上，其对立面讲究享受也会照旧。当然，衣着华丽的人比平日少，但仍有许多这样的人，尤其是女人，走在街上或坐在咖啡馆里，并不因此有所忌讳或感到害怕，与完全无产者的巴塞罗那形成鲜明对比。因了亮丽颜色，马德里显得生机勃勃。咖啡馆坐满了人，如巴塞罗那一样，但这里坐着的是记者、公务员及各种专业人士，工人仍是少数。

到处可见身穿簇新深蓝制服的民兵，罕见肩背来复枪身着便装的工人。大多数人帽子上没有佩戴党名缩写。我们身处共和党人主政的马德里，赞成军队制，反对巴塞罗那的安那其民兵制。制服上的缩写一般并不表示效忠某个政党，而是指属某一工会分支。当然，安那其帽檐上有"CNT-FAI"标志，从这合并标志也可看出他们在马德里是少数，尽管还不是完全无足轻重。我们已接近最艰险的前线——瓜达拉马。

教堂纷纷关门，但未被焚烧。下午我去圣母大教堂，看戈雅的湿壁画。教堂锁着，看门人为我打开，领我去看壁画，这座教堂已闲置许久。相邻的一座教堂被本区民兵委员会征用。

大多数被征用的汽车归政府机构使用，而非某个政治党派或工会组织。这里政府的分量更重，而在巴塞罗那，社会党人、安那其和工会更有力量。一个显著区别就是在马德里还能见到普通警察。马德里也没有成立民兵中央委员会。

似乎少有征用发生。大多数商店照常营业。旅馆里有民兵住着，也有如皇宫旅馆，欧洲最大的旅馆，由工人管理，并且还会继续。但民兵在旅馆统一住宿似已逐渐减少。我所住的家庭旅馆经营者说，昨晚招待过最后一伙民兵，从今天起他们会去食堂吃饭，以后也不会再有民兵来这里吃饭或住宿。

银行如同巴塞罗那一样，贴出告示，声明受政府管理。只有一些总部在叛军辖域的银行被宣告征用。事实上，在西班牙全境，银行业是极少遭征收的行业之一。

总结：比起巴塞罗那，马德里更像一座战时城市，而不太像经历社会革命的地方。除了簇新的民兵制服，咖啡馆里放声谈笑的普通民兵，私家车少见，偶尔可见有关管控和征用的海报，几乎看不到有什么变化。

或许祥和只是假象。人们谈起昨天发生的大屠杀。叛军攻占了巴达霍斯。约一千五百名囚犯被赶进斗牛场，被机关枪扫射。政府当局不允许消息见报（所有外国人都不理解这种掩饰态度），理由是避免民众过于激愤（消息不久传遍马德里，人们惶恐而愤怒）。又有模范监狱（Model Prison）关押的政治犯发起暴动。约三千名犯人，因为马德里政府不只是简单地枪毙或释放嫌犯，更羁押他们，留待进一步审查，这种审查比起巴塞罗那盛行的做法温和得多。巴塞罗那的审查极其粗暴，不利证据一出现，嫌犯就逃不掉处决。然而眼下审查宽和与否似区别不大。犯人点燃床垫，手持火把袭击警卫。监狱骚乱这则消息与巴达霍斯屠杀一起传遍马德里，众人聚集在监狱门前，强烈要求立即处决所有政治犯。一些社会党领导人也来到现场，试图使大家冷静下来，并未奏效。当场成立了民众法庭，著名右翼政治家（包括梅尔吉亚德斯·阿尔瓦雷斯先生）等多人被处决。政府宣布会立即成立革命法庭，处决才终止。有不少法官和警察支持叛军，留下的也有被政府解职，认为其不可靠。因此，没有足够人手执行调查或审判。几千名囚犯羁押在监狱里，等着叛军攻进马德里。

八月二十六日

街头有个变化，时间一长愈发明显：每天都有几百甚至几千个来自工人家庭的姑娘在街头奔走。她们常常出入阿尔卡拉大街和格兰大道上的咖啡馆，为"国际红色救援"募捐。那原本是由共产国际资助的组织，旨在"帮助阶级战争的受害者"，在西班牙由社会党人和共产党人共同运作，救助伤员以及牺牲士兵的家属。巴塞罗那和瓦伦西亚均无募捐活动。姑娘们成群结队（从不独自行动，她们仍不习惯一个人走在街上），穿着得体的工人服装，问每一个人要捐助，几乎避之不及。她们非常乐意做这件事。对大多数姑娘来说，这是第一次在公众场合露脸，可以和陌生人说说话，或在咖啡馆坐下来，和民兵聊一聊。

革命特别法庭今天开始工作，只审理超出现行民法或军法权限的案件。这意味着只受理涉及暴乱的案件。还有不少其他案件：神甫、贵族等许多并未参与军队反叛的右翼人士，因密谋反对政府或有类似嫌疑被抓。这类案件都不在革命特别法庭审理范围内。在军队反叛发生的头几天，安那其认为每一个右翼政党成员都该枪毙；他们列出名单，仅希尔·罗夫莱斯的天主教人民行动党就有四万两千名成员在列。他们当然明白这实属滥杀，却也没人想恢复审判程序，把真正犯了叛国罪的人处以死刑。马德里的共产党人、社会党人和安那其的调查委员会进行合作，分别有一份嫌疑人名单，逮捕一人时会问另外两个委员会的意见。意见一致的话，要么处决，要么释放；意见不一则等待进一步调查。这当然是个程式化方法，来处理一个无法解决的问题。

真的无解。比如下面这个故事。七月十九日，经受五小时密集炮火的民兵发起反攻，占领蒙塔纳兵营，平定了马德里的军队叛乱。民兵返回市中心，受到民众的欢呼。行进到太阳门广场时（那是叛乱者集中的区域）遭遇埋伏，四面的窗户通通成了伏击点，突击卫队立即命令民众卧倒。这些西班牙人觉得巷战再平常不过。他们伏在人行道上，在四面火力攻击下，坚持了数分钟之久，直至突击卫队进入屋内，把窗前的狙击手清除。一连多日，类似伏击在马德里多地发生。

这样的埋伏已够让人惊慌失措，还有通敌、军官擅离、私藏武器等数不尽的传闻到处流传。起码有些是真的，如法国大革命和俄国十月革命，革命者觉得被来自各个方向的敌人包围，不得不在黑暗中出击，因为根本没有时间去查个明白。

据我的判断，并非因为马德里的恐怖活动真的比巴塞罗那多（尽管邻近瓜达拉马前线这一事实不断刺激着人们的神经），而是因为加泰罗尼亚在清剿政府敌人方面十分迅疾，而马德里的管理近于瘫痪，政党各执己见，促生了摩擦、暴行以及滚雪球般的谣言。

其中有这么一个真实故事。在某旅馆，涉及协助叛军的西班牙人被捕，使了不怎么光彩却是人之常情的手段，供出几个朋友，不久被释放。朋友又告发了他，有确凿证据，他又被捕，不久被处决。负责调查和行刑的这伙民兵担心惊扰到他的妻子，没敢告诉她实情。瞒了两个多星期，说她丈夫还活着，在家乡受拘禁。这只会徒增得知真相时的痛苦，但无疑是出于对女人的同情。他们说是她丈夫有罪，她没有罪。女人不应受牵连，这种观点似乎相当普遍。

"报复式"告发被在巴塞罗那的外国人不断提及，却一直没有可信例子。今天我得知了一个典型故事。一位病人告发了自己的医生，他欠医生些钱。幸运的是，被捕医生突然想到了要害，问审讯者"是不是 X 告发的我"，回答是肯定的，这就解释通了。告发者被逮捕，无法否认欠债一事，稍经调查就发现他的告发有多站不住脚，他被处决。这并非特殊例子，但也并非每个无辜者都能逃过一劫。

从这些惶惶故事中暂时抽身，下午我去了普拉多博物馆。

一伙年轻的安那其民兵漫步于宽敞的展厅,盯着一幅幅陌生的画。一定是头一回来这种地方。他们奉命前来征服资产阶级的教育特权,却发觉比想象中困难。举止得体,置身出乎预料的环境也依然如此——这是西班牙人显著特点之一,也感觉得到周围的东西值得尊崇,或许也觉得美丽。压低嗓音交谈,放轻脚步;只是这一张张画作是那么费解。

八月二十七日

劳工总会总部仍在富恩卡拉街(Calle de Fuencarral)上一幢不起眼的窄楼里,不像巴塞罗那的各个政党搬进某个豪华旅馆。少数人员在那里工作,不像全国劳工联盟总部或巴塞罗那的民兵中央委员会那么生气勃勃。以拉尔戈·卡瓦耶罗(劳工总会主席)为首的社会党人在马德里最有影响力,尽管如此,他们有诸多不满,尤其是针对共和政府。没有社会党人参与,政府完全瘫痪,坐以待毙,听听埃斯特雷马杜拉传回的可怜战报。又说多数公务员都靠不住,有些就是奸细,自由派部长只会做做样子,精简一下人员。今天出版的《信息报》(普列托的喉舌报)刊发的文章写道,在内政部拿起一份社会党人报纸读都会引来侧目。连作战参谋部都没成立,军事行动无统一部署,没有对将领统一授权,甚至调遣一队民兵也要国防部长本人批准,而且成效平平。

社会党人深感当务之急是参与政府,掌握决策权,却不乏顾虑,不便冒进。以阿拉吉斯坦因为代表的一群人主张立刻变更政权，而以普列托和加拉尔萨为首的右翼社会党人反对，他们亦举足轻重——有阿斯图里亚斯矿工领头人的支持。普列托希望与西方民主国家维持友好关系，这就要求保持政权不变。民主国家会视马德里政府为合法政府，受到军队的非法攻击。但是如果社会党人掌权，建立无产阶级共和国，那么捍卫合法政府的话在外国看来就成了谎言。因此普列托及其同仁提议，社会党人和共产党人参与政府，希拉尔仍是首相，其大多数幕僚仍任原职。这一提议得到共产党人响应。同其他地方一样，马德里的共产党人也与右翼社会党人合作。

卡瓦耶罗强烈反对普列托的观点。他主张社会党人应尽快完全掌权，一日不实现就一日不参与政府。这是正统马克思主义者的观点。卡瓦耶罗坚持了三十年的渐进改革观，才转向这种态度。他认为这种联盟仍由共和党领导，不可能实施精简行政、重整军队、管控经济活动等措施，这都是赢得战争的关键。社会党人参与与否无关紧要，参与了也是妥协，还会给安那其可乘之机。观念分歧之外，不乏私人积怨。各有各的日报，《光明报》是卡瓦耶罗的报纸，《信息报》是普列托的；社会党的官方报纸《社会主义者》在两派激烈斗争下变得无足轻重。

卡瓦耶罗这伙人对共产党人的批评尤甚。苏联根本没帮我们，他们说道，和法国、英国差不多；一心搞政治阴谋，促使运动右转，都是为苏联的外交政策服务；不想违背法苏条约，对西班牙内战避免采取过于革命的态度。同时他们也承认，共产党人组织军队有方,尤其是著名的第五军团,不止一次在瓜达拉马前线为政府解围。"我们也不差,我们有铁路工人武装,还有马德里北站的装甲火车。"

令卡瓦耶罗感到头痛的,自然是安那其。他们是他的老对手,他也是他们的老对手。卡瓦耶罗的手下对安那其态度更近恼火,而非憎恶。安那其的转变在他们看来更像一次挫败。认为安那其为局势所迫,将"不得不追随我们"。这是社会党人的幻想,眼下前线枪支极其短缺,安那其却在马德里囤积了五千支来复枪。这是真是假,我不得而知,但毫无疑问,安那其武器充足,他们不信任其他工人组织,危机潜伏。

同时,人人紧盯前线,形势严峻。卡瓦耶罗和德尔瓦约几乎天天开车去瓜达拉马,似乎因此在民兵中广受拥护。

八月二十八日

已听到不少人抱怨弹药供给。法国、苏联都拒绝援助,在瓦伦西亚和加泰罗尼亚新建军工厂进展极其缓慢,本可以向外国购买弹药,也错失良机。

专家对经济形势也不乐观。缺乏原料不必说,有时也缺技术人员,还不愿听从专家意见——这对振兴工业至关重要。除加泰罗尼亚、瓦伦西亚及北部海岸之外的政府辖域内,至多百分之三十的工业由政府掌控,而在加泰罗尼亚,自治政府和工会组织掌控了百分之七十的工业。

不时有意外发现。在皇宫旅馆有个孤儿之家,在一位外籍教育学者的指导下，改成了寄宿学校，并有西班牙女教师任教。这位学者接触过许多经历相仿的儿童。八至十八岁的男孩寄宿在此，接受教育，女孩在另一处。有些孩子先前寄宿在教会学校，因学校解散而无家可归，另一些则在动荡局势中失去了父母。大多数不是马德里人，许多孩子在叛军攻进村子时独自逃了出来。或是自己找来，或由民兵带到这里。政府已意识到这个问题——流浪儿童问题曾在俄国非常严重。午饭时候，我看到有孩子哭着进来，工作人员和年长的孩子马上围了过去。教师们说眼泪并不鲜见，过一两天孩子们就自在多了。的确如此。能够如此迅速地适应一个新环境（在许多方面都不尽完善）。在这些家境贫苦的孩子眼里，新家仿佛天堂一般：丰盛的食物，装潢富丽的房间，悉心照顾的老师，还有繁华街道。这些男孩都历经磨难，有些甚至亲眼见到父母被杀，一个人逃亡，却没有留下心理阴影。在一两天之间，一点善良，几句抚慰的话，老师和同龄人的陪伴，不费太大困难就安顿下来。外籍学者也深感惊讶，她之前在大工业城市同工人的孩子有过广泛接触，说即使是平日，也从未见过这么容易适应的孩子。

这一事实有助于理解西班牙革命的重要一面。一次又一次，我对民众反应之平静吃惊不已，即使是在焚烧教堂、圣像，或是谈起恐怖活动。我不再把某报刊登的故事当真，羞辱、焚烧修女之类。西班牙革命另一显著特征，即不涉及性道德的颠覆性变革。当然有变革，却比在一战时期任何国家所发生的小得多。至于妇女参战，这向来是西班牙的传统。西班牙内战引起的心理震撼意外地小。这些儿童经历惨痛变故，却没有心理失衡。西班牙人面对这场剧变，依然安静沉着，因为他们本来就是健全的人。

八月二十九、三十日

漫长的两日，为去前线做准备。气氛阴郁。叛军正在猛攻瓜达拉马；已占领埃斯特雷马杜拉的奥罗佩萨（Oropesa），向塔拉韦拉（Talavera）进军。佛朗哥与北部莫拉的部队会合已毫无悬念。我决定不去瓜达拉马，每个记者都去过了。那里陷入僵持，如萨拉戈萨前线。该去探访塔拉韦拉，迎来紧要关头的塔拉韦拉。

紧张气氛迅速积聚。人们议论纷纷，不能再放任自流，卡瓦耶罗必须有所作为。政界人士对他褒贬不一，有人嘲笑他被称为"西班牙的列宁"，也有人寄予厚望，卡瓦耶罗亦有民众的广泛支持。无论他个人能力高低，社会党人参与政府起码意味着能有些举措，而共和党人任由局面变糟。

在马德里的倒数第二晚，遭遇首次空袭。我回到住处已疲乏至极，却不能睡，有战时无处可躲的东西——起码对我是种折磨——无线电。左翼共和党（Izquierda Republicana）就在街角设了民兵中心，深夜还开着无线电，开到最大音量。自由国歌《列戈颂》正在放第一百遍、两百遍，并不动听。突然近处传来一声巨响——后来我得知远处早就被投，身处无线电的噪音之中我没听见——无线电立刻没了声音。我马上反应过来这是枚炸弹，尽管我没有经历过战争。反而松了口气，无线电的狂轰滥炸终于停了。我到阳台上观望，发现奇怪一幕。附近这片窄街灯已通通熄灭，格兰大道、阿尔卡拉大街和西贝莱斯广场却灯火通明，照亮电讯大楼、邮政大楼、西班牙银行以及国防部，即空袭目标。这是有意通敌，还是玩忽职守？不管怎样，都让人觉得可耻。我们旅馆并没有引起多少恐慌，西班牙人的冷静显露无遗。然而街上忙碌着各种不着边际的事。民兵朝天放枪，一架架在国防部楼顶还是附近某幢楼的机关枪，也轰鸣了一阵才停。空袭似已结束，真正危险的是来复枪和机关枪一阵阵开火。我躲在阳台石墙后面。枪声渐渐停止。

早上，人们围在国防部花园的排水沟前，盯着炸弹砸的大洞，距建筑物本身不过十英尺远。投掷得这么准，非西班牙飞行员所为；只可能出自有战争经验的人之手，一个意大利人，或者德国人。侥幸，无人死亡，仅有两三个民兵受伤。但爆炸威力之强，震碎了阿尔卡拉街上一些优雅的咖啡馆的玻璃，掀翻了桌椅——远在一百五十至两百英尺之外，引起恐慌。民兵并未意识到飞机的存在，认定有枚炸弹被一个法西斯扔进了某家咖啡馆，勉强压下怒火，克制住扫射人群的冲动。

下午拜访了一些朋友，他们住在西区，邻近曼萨那雷斯河。讲述的故事让人心头发沉。街角有一片草地，每天清早都有车开来，十五至二十名犯人被带出来，枪决。尸体留在原地几近中午，当作威慑。

又聊起前线的危急形势，因为来访者大多一入伍就被委任为军官。一个年轻人不住抱怨武器质量差，机关枪总是卡，弹药老旧——主人突然招呼我们快到阳台上去。午后晴空下，瓜达拉马山就在不远处，厚厚的云层遮蔽了山这一侧，不是积雨云，是燃烧的滚滚浓烟。显然，并非炮弹所致，而是有计划地焚烧大片山头。我们知道曼加达（Julio Mangada）的部队在行动——要用焚烧来防止叛军突袭？我们深感马德里危在旦夕。

西部及南部前线

八月三十一日

　　拖延一如既往，似无尽头。下午终于出发，前往塔拉韦拉。依然是五人同行——司机、配枪护卫、两位来自《视界》的摄影师和我自己。我已熟悉这一带，村村都有守卫，也有由各党派代表组成的委员会。一片片广阔的半封建制土地，种植小麦，而非水果和蔬菜，比加泰罗尼亚和勒万特地区贫困得多。时而可见大谷仓。主导委员会的不是安那其，而是社会党人，时有少数共产党人。与东部相比，最明显的不同是"社会主义青年联盟"（由社会党和共产党的青年组织合并而成）十分活跃——这一带并非左翼政党的老据点；在一九三一年共和国宣告成立之前，大多数村庄都不曾有过左翼组织，如今也仅是年轻一代与从城镇来的社会党成员有较深接触。委员会成员亦是年轻人，与加泰罗尼亚和瓦伦西亚形成鲜明对比，那里三十至四十岁的人更常见。之前的政府部门仍存在，与委员会一起管理，没有划清各自权限。社会党人与安那其不同；安那其不会任凭之前的行政机构还照常行使权力。

塔拉韦拉这座小镇，是政府军占据的最后一处要地，气氛比马德里还压抑。两天前，邻镇奥罗佩萨遭遇空袭，民兵溃逃，摩尔人军队随即占领。一位军官说约有一百五十枚炸弹投下，两人（！）受伤；炸弹质量并不好，却给从未经历过空袭的民兵造成巨大的心理冲击。现在塔拉韦拉形势危急，前线就在几英里之外——它是佛朗哥和马德里之间最后一个战略重镇！援军不断抵达。有支庞大的安那其纵队，行军步伐矫健有力，但有些人还没配来复枪。作战参谋部设在偏僻的小街上，不易被敌机发现。人人都以为晚上会有空袭，参谋部严阵以待。

又往前驶了一段路，不得不停车，因为不允许接近前线。炮弹在远处爆炸。遇到一支后备军，有几百人，正在营地上忙着做饭。一群寻不到主人的羊捐给了部队。民兵多身着蓝色制服，制服却不一定意味着团结，不像我在萨拉戈萨前线看到的民兵，均是安那其，又都来自巴塞罗那。这支队伍有马德里人，工种不同，分属不同的工会，政治观点也不同；亦有许多党派归属不明确的瓦伦西亚人以及一些现役军人。突然，一架敌机跃出地平线，疾速驶来，人们没有四散奔逃，反而聚集，朝越来越近的飞机开枪。所幸飞机并无投弹意图，否则后果不堪设想。一架政府军机出现，全速追剿敌机而去。

返回塔拉韦拉，发现载有马德里北站工人武装队伍的装甲火车停靠在站台，一位朋友也在其中。他斗志高昂，人人都是。他们刚刚完成袭击奥罗佩萨的任务，平安归来，令人深感振奋。这位朋友也是一位大学毕业生，兴冲冲地讲起"罗马纪律"的故事。一行数人出发去侦察，没有在预定时间返回，因为他们自己作主，抓了俘虏审问，耗费不少时间。火车按时出发，而他们孤身奋力穿越敌占区，在塔拉韦拉赶上了火车。这份勇气却没受到褒奖，他们因缺乏纪律而被判处死刑。历经长时间讨论，才改判从部队除名。

"集体工作"是什么意思？这个词在几乎所有店铺和旅馆的入口处写着。我得知，那仅仅是指劳工总会与所有者的一份协议，约定部分利润归工人。这与加泰罗尼亚的安那其全面征收的政策迥异。在塔拉韦拉，以及新卡斯蒂利亚各个城镇，是社会党人，而非安那其占优势。

那种植小麦的大片土地又如何处置？大部分仍属原所有者，尽管他们都是右翼。起初只有女修道院及其小片土地被征收，如今终于轮到大地主，农工在劳工总会领导下劳作并管理土地。大部分小麦送往前线，没有报酬，不论钱还是实物，征收这样彻底，人们的不满溢于言表。

九月一日

我们向南行驶，前往埃斯特雷马杜拉。一路上村村都严加守卫，有些地方村民全部加入守卫行列，无人理会农事，都在询问北面的最新战况。

这些西部村庄与东部一样，土地问题悬而未决。处理属于一两个支持叛军的贵族的整片土地较容易，自动征收，由委员会和工会管理。从前划定的地界依然存在,还是同一双手耕作同一片地,工钱也和从前一样。小麦也不再卖给商人,征为军粮。在有些村庄,支持叛军的富农被处决,遗留下的土地至今无人耕作,仍由委员会管理。农工有时会被叫来犁地,得到相应的报酬。该怎么处理这些土地?一些农民认为应该平均分给村里的贫农,另一些赞成集体管理;无论委员会还是政党组织,都没有颁布切实政策。

尽管如此,这些位于埃斯特雷马杜拉和新卡斯蒂利亚交界处的赤贫村庄是我所见过的斗志最昂扬的地方。也许这正是因为贫困;这些村庄没什么可失去,却可以从一场革命中获益不少。而且叛军攻势迅猛,暴行累累,村民既憎恨又恐惧。各村都聚集着武装起来的农民,很多人并不是本村村民,而是来自已被佛朗哥军队占领的村庄。成群农民赶在敌人攻进来之前逃了出来。来复枪非常缺乏。他们在深夜穿越封锁线,花好几天时间在一个个邻村搜寻武器。在哪里找到武器,就待在哪里,协同保卫村庄。有时结队行动的农民起码有四十人。

我们途经位于埃斯特雷马杜拉前线南侧的普埃托圣文森特(Puerto San Vincente),得知阿利亚村(Alía)仅仅由本村村民守卫。政府军先遣队驻守在阿利亚村后方十一英里处,每天早晨都会打一通电话,询问敌人攻没攻进来。我们继续前行,到达阿利亚村。村子满目疮痍,斗志却无比昂扬。人们把能寻到的枪都背在身上,还有不少从西边被占村庄逃来的农民加入保卫队伍。内战爆发之初,国民卫队发起反叛,占领村子,杀光公然支持政府的人。而后农民夺回村子，杀死卫队成员。村子被再次占领，又被夺回。眼下，据说敌人先遣队在瓜达卢佩。没人知道敌人的确切位置（整个前线均是如此），可能明天就会攻过来。还要维持生活。村里半数土地属于一位女侯爵，她的牲畜群仍由之前的牧人看管，委员会没有钱付工钱，以实物支付。村子并不富足，却不减为后方军队送食物的热情，而且不求报酬。这个斗志昂扬的村子没有一个安那其，仅有的政治组织是成员并不多的社会主义青年联盟。在二月选举中，如此全心全意支持革命的村子，却在本地权贵施压下，大多投给了右翼。正要驾车返回，一位农民拦住我们，显然是有话想说。"从法国来的记者先生，能允许我问一个问题吗？""请说！""那请告诉我，就一件事！法国的主席是谁？他好不好？"在埃斯特雷马杜拉最偏僻的角落，不识字的农民在此之前可能仅仅是听说有个叫法国的地方，突然意识到法国主席的好坏对他们每一个人来说都或许是生死攸关。我想这些农民不觉得法国主席和委员会主席之间有何区别，但是不需多加解释，我说勃鲁姆[①]（Léon Blum）非常可靠。

　　见过这些村民，无法想象驻扎在几英里外普埃托圣文森特的军队作何表现。我们遇上一辆刚从塔拉韦拉返回的汽车，停在设参谋部的那幢楼前。"曼陀林修好了没有？"长官问道。向北几英里远，西班牙的命运危在旦夕，而此地关心的是修好曼

---

① 时任法国总理。

陀林。这支部队颇具战斗力，有骑兵，也有炮兵（这一地区颇多此类混编部队），受一位年轻中尉指挥。中尉之前就在军队服役，非常服众。部队没有设立政治委员会，中尉认为那会乱了纪律。一尊尊大炮架在山头，俯瞰村子；草草挖出的战壕围着些铁丝网。丝毫感觉不到严阵以待的紧张气氛。军医说村里医生休假去了——仿佛这是平常日子，他可以休假——他自己也无一例伤员需要治疗，正与村里的孩子玩耍。

晚间我随中尉去先遣队驻地。士兵立正聆听训话，这在政府军里可不常见。中尉并不在乎这些。他说民兵胆子太小，空袭造成的心理恐慌远远超过实际破坏；缺乏具备战略意识的手下。去侦察过几次，发现驻守瓜达卢佩的敌军人数有限，中尉认为只需一千五百人，朝特鲁希略（Trijillo）发起突袭，就足以切断他们与后备部队以及葡萄牙的联络。但是，恰恰缺少这训练有素的一千五百人。我说，你有一支过硬的骑兵部队，而且阿利亚的村民个个擅骑，对这一带地形也了如指掌。为何不向瓜达卢佩发动一次突击侦察？这一定会牵制塔拉韦拉的敌军。"瓜达卢佩不是战略要地。"他说。我仍觉得这支静得出奇的部队多展开一下行动没有坏处，即使不是"战略要地"，向北不远，一场关键战役正在进行之时。西班牙人闻名的游击战才能哪儿去了？年轻中尉似乎觉得小小突袭有失体统。

九月二日

经过漫长行驶，到达古城托莱多已近中午。托莱多有深厚的天主教传统，可谓政府治下最凶险的地方。本地政府以及民兵都觉察到四处存在消极抵抗和通敌行径。面对民兵的凌厉攻势，叛军撤退，胁持了约二十名人质，还有相当多的男男女女自愿跟随，退守要塞。人质的照片张贴在最大的民兵食堂里，以防攻破要塞时错杀无辜。与其他地方不同，本地政府拒不执行马德里的命令。时间有限，我和同伴分头探访。他们去索科多维广场（Plaza de Zocodover），民兵部队驻扎地。带回的消息是和两周前探访时一样，民兵并不着急行动（似乎觉得包围要塞无需制定行动计划）。我则试着打听艺术品的命运，尤其是格列柯的画。

文物保护委员会已成立，由之前在教堂工作过并对保护本城艺术品感兴趣的艺术家和工匠组成。他们满腹苦水：不知为何，市长不准其进入教堂和格列柯博物馆，钥匙都握在他手里。城内兵工厂已被空袭过一次，二次空袭也不远了；敌人在迫近，画作会遭到无法估量的破坏，必须赶紧转移，而顽固的市长挡在那里，一动不动。一位马德里政府部长之子，眼下是托莱多某家医院的医生，为我向市长打了个电话，告诉他我可以在英国发布新闻，说托莱多画作完好无损，只要允许我一看究竟。我紧接着去了市长宅邸，却也没能比保护委员会或哪个记者同行走得更远。他拒绝见我，只说画作并未受损，也无意展示画作。或许该再试试取得马德里教育部的保护许可。但是，已来不及赶回马德里，他这样一味阻挠，马德里的许可也没用。（在第二次去西班牙时了解到后续发展。文物保护委员会最终敦促市长请求马德里提供车辆,运走最珍贵的艺术品。叛军推进迅速,转移画作刻不容缓。教育部知会市长,卡车可供转移使用,而市长拒绝接受车辆,并且告诉保护委员会马德里并未回应车辆请求。委员会只能继续坚守,守到最后一刻,与画作同存亡。最终,摩尔人军队攻进托莱多,两名委员会成员才游过塔霍河,保全一命。民兵在敌军攻进来之前就已溃逃,画作完好无损地落入佛朗哥之手。整个过程同马德里的普拉多博物馆以及巴塞罗那的加泰罗尼亚博物馆井然有序地转移艺术珍品形成鲜明对比。)

  托莱多的告别也不同寻常。距城数英里外的第一个十字路口,遇到一个健谈的守卫,拉住我们聊个不停。几步之外,有两具尸体,显然是刚处决的。我们可没想走近观看。

九月三日

  漫漫长路,穿越拉曼查,到达雷亚尔城(Ciudad Réal)已是深夜。这一地区没有敌军,但村村戒备森严,车辆检查极为严格。

  街头依然活跃,古迹随处可见,如南部其他城镇,尽管并无多么著名的建筑。我在偏僻小巷里漫步,小巷,大路,小巷,大路,交错来回。这会让人起疑,我不在乎;被逮捕就有趣了,刚才我还和委员会的人这么说。一声低低的"嘶——"从身后传来,我回过头——两个男人,其中一人身穿民兵制服，两支来复枪对着我胸膛，几步之遥。"举起手来"①，语气十分平静。我照做；一人往旁几步，枪仍端着，另一人走上前，有条不紊地开始搜身。他们意识到我不会抵抗，也放松不少。"外国记者。"我平静地说，就像他们那样，不禁笑了。搜查迅速结束，我出示证件，他们询问住在哪里，听了我的回答，十分礼貌地放行。

与周边村庄不同，社会党人控制这里，在二月选举中投票给人民阵线。只有一座发电厂被征收，其他工厂仍照常运作。经济活动如往常一样，无管控措施，咖啡馆、商店照常营业。百分之九十五的律师已经"消失"，还有所有神甫。我从车上看到一位女士从街角拐出来，身着优雅的丧服，她盯着我们，双眼一眨不眨。我猜她是某个被处决的男人的遗孀或女儿。穿这样的丧服出门，丝毫不掩饰愤怒，需要非凡勇气。

从省农业改革部了解到，乡村经历了剧烈的社会革命。依据农业改革法，有三处庄园转为农民集体所有；内战爆发后，又有二百五十六处土地被征缴，由农场工人接管，更准确地说，这二百五十六起征缴获得了农业改革部的认可。省内绝大多数较具规模的土地均被征缴，为劳动者集体所有，农业改革部要做的仅是出具一份证明。这占据了全部办公时间，重要得多的、为草创的农业集体制提出具体实施建议则完全没有时间开展。文件只是个形式。诚然，得给征缴一个名义，我也看到

---

① 原文为西班牙语。

一两份这类文件写道，某个地主因为协助叛乱或逃进叛军，抑或因为拒绝给委员会捐款，于是决定征缴他的土地。农业改革部并没有去核查对地主的具体指控，仍从其所持政治观点来判断。因此，在整个省，仅有一起征缴被农业改革部废止，理由是有人蓄意剥夺其财产，地主并非反动分子。

临近中午，农业改革部的两名工作人员开车载我去参观雷亚尔城附近新建成的合作农场。他们本想让我看三座老农场中的一座，想必运营极好，我执意要去看内战爆发后建成的，总数超过两百座。这座新农场仍是模范农场，就在城郊，直属于农业改革部，由一位工人领导。他是社会党老党员，坐过牢，深知自己责任重大。拉曼查鲜有村庄以及土地是由工人管理，我想他们在不在对集体化影响相当大。空地上堆着损毁的农用机器，是在"黑暗两年"，即一九三三至一九三五年天主教右翼政党执政期间被工人砸毁。当时地主要开除工人，引进机器，从而降低工资。工人激烈反抗，把机器砸毁，就像十九世纪二十年代初的英格兰那样反抗工业化。机器残骸旁，立着一架崭新的脱粒机。内战爆发不久即从毕尔巴鄂公司马德里分部购得，一半现金支付，征自这块土地的主人，另一半在卖掉收成后以汇票支付。农场负责人说工人起初反对购买机器，以为自己会丢了工作，如今无比欢迎，可以从繁重的劳动中解脱。仅就此农场而言，机器工作得不错。农业改革部的人说砸毁行动遍布全省，并非处处都像这里一样想得通。其坦率更让人难忘，尽管是对集体化抱笃定信念，反对把征来的地分给农工和佃农，并将这些视为长期政策，在征收后，拉曼查没有一块土地被私分。这里大片土地不少，却鲜见分地的想法。与俄国不同，这一地区从来就没有与大地主争地的农民，如今也不会凭空出现。俄国有农民农场，征收的土地仅仅是扩大了农民农场的面积；西班牙南部村庄大多是没有土地的农工，而佃户屈指可数，出不起钱买哪怕一小块地。因此西班牙南部的大片土地在征收之时就集体化了。耕作方法没有变化，管理人不再是地主的代理人，而是从工人或工会支部新选出的负责人；全部收入直接给农工。以上便是我从农业改革部获得的主要消息。

我探访的合作农场井然有序。奶牛健康，小麦及时收割（贮存在附属教堂），处处整洁，机器运转正常。不知其他合作农场情况如何。不见女人身影，农场上不乏陌生人，她们不习惯。在集体化之前，农工住在城里，清早赶来干活。如今住在农场里，家人没有一同搬过来。他们宁愿自己洗衣做饭，只在周日见家人。我尝了食物，不丰盛也不算精致，但无疑比征收前的伙食好。

告别了农业改革部友好的人们，告别雷亚尔城，穿越干旱的拉曼查，驶进莫雷纳山脉（Sierra Morena），在天黑之际，进入安达卢西亚。

眼前的一切都与卡斯蒂利亚迥异。卡斯蒂利亚素朴、内敛、崇尚苦行，安达卢西亚鲜艳、奔放、随心所欲。人们与陌生人随意交谈，姑娘身着色彩鲜艳的裙子，对饱览黑色拉曼查的双目可谓如释重负。却见不到传统披巾。男人大多戴红色领巾，本来就惯于佩戴，如今又有了革命意味。其他地方的革命问候是握紧的拳头，安达卢西亚人的革命问候则是双手交错握紧来复枪，高举过头，这个动作似指"各路党派、各个行业的工人一同战斗"，过目难忘。瓦尔德佩涅斯（Valdepeñas）及附近地区的矿工在山道上密集布雷，以防突袭者。

从山脉缓坡驶下，只见繁茂的油橄榄林。安达卢西亚东部地区都被油橄榄树覆盖，难见水果或谷类作物。土地广袤，村镇疏落，但人口密集，平均约两万名居民，大多是没有土地的农工。通常人们以为安达卢西亚与卡斯蒂利亚类似，均土地广袤，其实两地相似之处寥寥无几。卡斯蒂利亚种植小麦，土地面积适中，显然源自封建制，安达卢西亚则是大庄园，自迦太基和罗马时代即是如此。短工的先祖就是奴隶，如今仍像奴隶一样干活。

我们向拜林驶去，一个宁静的夜晚。我们超越两辆停在路中央的卡车，奇怪，没开车灯。骇人一幕乍现，一具尸体躺在从马德里到科尔多瓦的主路中央。是什么让人汗毛倒竖难以言明。白天的尸体显得不那么异样，在偏僻角落也不那么恐怖，在大道上出现大大出人意料。那两辆静悄悄的卡车，似乎在掩盖不可告人的秘密。同伴听到卡车里传出声音，分辨不出是交谈还是啜泣。我想停车——惊骇得忘了危险，一心想弄明白是怎么回事；司机吓得把油门一踩到底。到底有多少具尸体，在短短一瞥间无法弄清。一个女人穿着耀眼的白色，胸口喷涌鲜血；从她躺着的位置可以看出子弹是从卡车司机位置射出。可能就是几分钟前，甚至几秒钟前的事。其他尸体在匆匆暮色中看不清。我只看到一个成年男人的尸体，而四位同伴都说自己看到那女人怀里还有个婴儿，也有人说看到女人旁边躺着婴儿和男人。

还没结束。进入拜林，路两旁升腾着滚滚烟雾。保卫喊着"快走，快走"。保卫通常都很友好，烟雾厚得不像是焚烧垃圾。天完全黑了，又是匆匆掠过，根本看不清，但显然是在焚烧刚才在路上见到的死者的家什。

悲剧之后是一出讽刺戏。拜林的委员会想说服我们眼见为虚。为此编出不少不着边际的故事。保卫们收到命令，称深夜和几个委员会成员到过事发现场，发现什么都没有，只有一小摊汽油（可不是血！），而那女人是个远近皆知的妓女，正和男人在路中央交欢。听这些无稽之谈真恼火，想让我们相信处决并未发生也可谓幼稚。撒谎只能说明当地委员会知道这场谋杀——杀死婴儿可不叫处决——并且许可了。次日早晨，邻村保卫纷纷询问我们，昨晚到底发生了什么。

九月四日

抵达安杜哈尔（Andujar），安达卢西亚东部最大的村庄之一，采访了村里的委员会。这个委员会与西班牙北部的那些委员会截然不同。安达卢西亚的委员会在内战爆发之前就存在，愈发有并入本地政府的态势，两个机构融合程度比马德里周边地区还高。我们昨天就有所察觉：从拉曼查驶进安达卢西亚，道路由从前的警察和武装守卫共管。后来在拜林又看到身穿制服的公职人员与身着便服的民兵、工人一起办公；到了安杜哈尔，这样的协作更明显。似是这样运作：保留之前的镇政府，且因社会党、共产党以及青年联盟代表的加入而有所巩固（安杜哈尔也没有安那其，整个哈恩省都没有，这与安达卢西亚西部及南部地区迥异）。所谓"旧"政府其实亦是新设立；镇长还不到二十五岁，在二月选举后委任。因此，一九三六年二月可谓分水岭，之前一手遮天的势力被年轻的社会党人取代；但自二月之后几无变化。

　　社会变革也微乎其微。肥皂厂和其他工厂照常运营，没被征收或受管控。此地没有贵族，大部分土地归五位富商所有，他们已被处决。土地怎么办？委员会无法回答。这并不意外。劳工总会在安杜哈尔落脚不过数月，管理土地这样艰巨的任务只能由本地政府负责，征缴的财物估价不少于两百万比塞塔。然而政府沿袭老一套：有了钱，就能雇佣短工，仍是从前的地主雇佣的那些人，还是那块地，不分昼夜辛苦劳作，得到那么一点工钱。能否管理好油橄榄林，尚难下结论，还有三个月才收割，而小麦的收割已大大延迟，因内战爆发，眼下正在抓紧收割。短工的态度也很明确。既然仍像从前一样为别人干活，工钱一样微薄，短工依然不满。实际上的一成不变与管理机构的更迭形成强烈对比。一位委员会成员犹豫了一会儿，才承认眼下短工真正在乎的是拿到七月和八月拖欠的工钱（内战爆发之初那段混乱时间），这对他们来说不是小数目，而且每一分钱都计较。短工并未把土地视为自己所有，仍和以前一样受着剥削，自然竭力想从土地管理者手里多赚一点儿，不管有多微薄也是多得。

这种局面甚至并非是某个人的过错。尽管镇长年纪轻，阅历尚浅，却是优秀的人，思路清晰，待人得体。他的手下有些不是安达卢西亚人，来自西班牙北部，并不像本地人那样，办事态度出了名的含糊。镇里秩序井然（教堂得以保留，征为政府公用，哈恩省大多数村镇都是如此）。冲突却不比别处和缓。国民卫队反叛，被逐出镇，退守几英里远处的城堡，直至今日。又说山间有一处类似地点，卫队成员不时离开藏身地，冲到主干道上抢劫食物，夺下路过的卡车，杀死民兵司机。处处都发生激烈交战，才迫使卫队投降。在前线另一边，从科尔多瓦到塞维利亚，局势正相反。农民反抗此起彼伏，叛军不得不一村一村镇压，甚至主干道也是交火战场，至今也未平息。

下午，我们抵达比亚弗兰卡（Villafranca）。一路风平浪静。部队士兵与我在塔拉韦拉前线所见一样混杂，区别只在这里多是安达卢西亚人，而非瓦伦西亚人。静悄悄的前线。人们也不时提起空袭；主路多处被炸弹投中，正在抢修。几天前，法国记者勒妮·拉丰（Renée Lafont）无意中驶进叛军辖域；汽车遭伏击，她也受了伤，落入法西斯志愿兵手中（终因伤势过重，死在科尔多瓦一处战争监狱）。

我们在蒙托洛（Montoro）过夜，科尔多瓦前线指挥部设在此地。半夜，我被爆炸声惊醒。冲下楼，却见客栈主人正和友人闲聊。我说起爆炸,他笑了,安慰道:"不过是最后一枪。"①原来城郊在实施处决,四次排枪射击。这似乎再平常不过,无人多加注意。这一地区的社会变革微乎其微,战势却比别处惨烈得多。

九月五日

从指挥部了解到,政府军北翼部队会在今早从塞洛木里亚诺村(Cerro Muriano)出发,突袭科尔多瓦,我们也出发前往。途经潘那洛亚矿区(Pennaroya)。矿井已荒废多时,有些是因世界经济大萧条,在一九三〇年停工,有些是在一九三一年停工(有经济考虑,也有政治原因),余下的矿井(数量很少)在内战爆发后才停工,显然,把钱投在会被征收的矿井无利润可赚。约一半矿井属于西班牙人,另一半则属于不同国家的人。主要生产铅、铋和铜,本可以为生产弹药提供原料,却没有要开工的迹象,矿工不想,政府也没有指令。卫队与矿工和短工之间流血冲突始终不断,内战打响,冲突升级。比如波索布兰科(Pozoblanco),一个有两万至两万五千名居民的村庄,国民卫队在内战爆发当日即发起叛乱,也得到村内大户的支持。武器更好,也更多,控制了村庄。矿工却不服输,持政府支援的武器把村庄包围。四周后,卫队弹尽粮绝,不得不投降,终被杀得一人不剩,约一百七十人。之后四天,村庄遭三

---

① 原文为西班牙语。

次空袭，十几人丧生。波索布兰科并不后悔，它终于摆脱了卫队。普通警察仍然在岗，如安达卢西亚其他地方一样。类似的惨烈斗争在安达卢西亚东部许多村庄都发生着。

下午一点左右，到达科尔多瓦前线北段指挥部——位于环境怡人的疗养院中，我们也借住在此。我已见过不少作战参谋，有的非常尽责，有的马马虎虎，却没见过这样的参谋。我们得知政府军的突袭行动失败。清晨六点，敌人发起猛攻，仅比政府军的计划早了几个小时，未免太巧，但参谋们似乎并未留意。突袭计划泡汤是小事一桩，恐怕连整场战争也没放在心上。前方几英里处，一处战略要地正经受猛攻，而这里的军官、参谋、医生、护士（资质极其可疑）坐在一起，享用不错的午餐，闲聊，调情，讲荤段子，毫不顾及自己的职责。与前线联系已是数小时之前的事；送进来的伤员晾在那里，仿佛已是死人。直到下午三点，参谋纷纷起立以示告别，我们只想赶快出发，前往塞洛木里亚诺村。

行驶了半小时，离村子越来越近。一处长满树木的低矮山脊，不时传出来复枪和机关枪的阵阵轰击。右侧的树林正在燃烧，清早的炮击所致。交战还不算激烈，然而成群成群的村民赶着逃难。之前我仅仅是读过三十年战争期间的逃难故事（一战中也时有发生）。男人、女人和孩子；走路，骑驴，乘汽车，乘卡车。要搭卡车的聚在与前线相反方向的村口处，那里停着运送士兵、弹药及食品的卡车。村民拥上车，懂得开车的，就脚踩油门扬尘而去，开不走车的，拿枪迫使司机违抗命令，擅离战场,一起逃跑。场面纷乱至极。女人怀抱婴儿,牵着牛;女人啜泣不已,婴儿大声啼哭;男人肩扛手提,尽可能带走匆忙间收拾起的财物。几分钟的工夫,村子空无一人,许多逃跑的男人帽子上有安那其标识(此村位于科尔多瓦省,比哈恩省安那其多),手里的枪对准可能挡路的人,他们跑得最快。我们这辆战地记者车是唯一一辆向前开的车。我们停车,司机和保卫下车,拔出左轮手枪。一伙佛朗哥军队的逃兵,均曾是劳工总会和全国劳工联盟成员,赶上这场大逃亡,也和我们站在一起,枪指司机的头,加以厉声责备咒骂,强令车辆停下。女人和孩子可以躲起来,男人都得留下,保卫村庄。肩背精良的枪,头顶安那其的光荣标识,就这么落荒而逃不可耻吗?"来复枪可挡不住炸弹炮弹。"逃跑的人喊道。胁迫也起了一点儿作用,比起身后的战场,枪的威胁更近。卡车停了,也有人下来。试着恢复纪律的这一小拨人走开几码远,去第二辆、第三辆车时,先前的男人又爬上车,赶紧开溜。

数小时后,我才明白是怎么回事。整个上午村庄都在经受空袭,不时夹杂炮弹攻击;而后则有休战时刻,即惯常午休时间,从下午一点到三点半,交战双方都有此习惯;我们抵达这里时,新一轮空袭即将开始,村民可受不了了。我们踏进村子,满目疮痍。一座座房子孤零零立着,门大多上了锁。家畜在街上、院子里打转。但前线并没有溃散,村子亦无多少损失,没有东西被炸毁或引燃。

村子左侧有道铁路护坡,时有子弹击中街道,我们还是安全抵达前线。在村子紧邻前线的入口处，有座简陋房子，平时想必是铁路员的住处，现在做了红十字救护站，里面伤员不到十人。就在前面作战的这支队伍是普通民兵，约三百至四百人。不超过十名伤员送到总医院（即指挥部所在地）。激战七个多小时，有二十名伤员（有些只是轻伤）不算多，有三四人阵亡。愈发不理解刚才见到的那些急着逃跑的民兵。救护站内的伤员受到同样对待，不管是受了惊吓（这样的人有不少），还是伤势严重。他们觉得就这样了，和死了一样。两位医生动作敏捷，询问每一个新送来的伤员伤到了哪里，却得不到回答。他们不得不自己动手，脱掉伤员衣服，寻找伤口。突然一声巨响，一枚炸弹在离救护站几码远处爆炸，对房顶飘扬的红十字旗帜视而不见。人们迅速卧倒，只有我们三个记者站着（在一幢建筑内，躲避炸弹毫无用处），这些民兵已养成躲避的习惯。伤员一动不动，倒是一名护士哭个不住。医生沉着冷静，一刻不停地继续——与我几小时前见到的那群医生有天壤之别。敌机又向村子驶来，投了几枚炸弹后离去，几分钟后又返回。我们试着接近前线，炮火猛烈得无法前行。我决定走铁道护坡下的隧道。敌军投下的炸弹质量差得可以，弹痕仅有几指深，没什么杀伤力，除非直直击中。出了隧道，一枚炸弹在几码远处爆炸，掀起的热浪迫我后退，但仅此而已。更神出鬼没的是机关枪。起初仅从对面开火，不久又在铁路另一侧轰鸣；一伙摩尔人机枪手轻松突破侧翼，随时可能攻进村子。

情况越来越不妙。如果摩尔人发现了有人藏身于铁路护坡下，我们可不太容易辩解自己是中立者。他们会抬手杀了我们。得尽快离开这里。这说起来容易。开始还幸运，赶上轰炸间歇。大路上站着一位上尉，带着几个人检查证件，无比沉着，彬彬有礼——他是今天唯一一个举止沉着的军官。到了晚上我得知，这位上尉重整了前线队伍。没过多久，机关枪又轰响，就在附近，尽管看不到摩尔人，他们伏在护坡另一侧。我们身处交叉火力之中，不只是对面的摩尔人，还有叛军主力部队，正从右侧朝村子开火。趁火力减弱的间歇，我们从一座房子溜到旁边一座。空袭一直持续。两架敌机轮番前来投掷炸弹，想投多少就投多少。午饭时参谋说会调来政府军机参战，可是没有出现。炸弹质量差得可笑，约有一半都没爆炸，即使爆炸了，造成的破坏也非常小。直至傍晚空袭才停止，经受一整天轰炸的村子没有一间茅舍被炸中。但是在不间断的轰炸中待了近三小时，毫无保护，这具肉身倍加煎熬。最终，我们逃出村子。几百码远处停着几辆汽车和卡车，卸下村民又返回的。逃难一幕重现，这次是从前线逃下来的民兵，一个人或几个人一起，强迫汽车载上他们。现场乱成一片。他们说长官跑了，他们还留在这儿干吗？一个男人钻进我们的车，我问他来后方执行什么任务，他想也不想地说"逃命"。

在能驾车离开之前，我们得再寻一处地方躲避，这次是在道路下方的一条小隧道。空袭太密集，距离又近，开车十分危险。我们的司机和护卫不顾自身安危赶来接我们。另一位记者的司机早早溜之大吉。不同的民兵表现也不同。来自哈恩和瓦伦西亚的队伍在我们眼前溃逃之际，一伙民兵，从阿尔科伊（Alcoy）——穆尔西亚省历史悠久的革命中心赶来了。他们不怕空袭（我还得再说一次，炸弹杀伤力甚微），其中有两个姑娘，比男人还无所畏惧。然而纪律在他们眼里不存在。我们藏身的隧道并不能抵御空袭，不过是个能躲藏的地方。但是连躲都不能躲，因为每次空袭间歇这些民兵都爬出去看敌机。最终，我们总算平安返回指挥部，那里（的人）和中午一样平静，对战事不闻不问。

对此战地经历做个总结。敌军没有经历过不间断轰炸的严酷考验，也就无法断言如果摩尔人身处那种情形会作何反应。但毫无疑问，比起民兵，他们是更好的士兵。更勇敢，行动也更敏捷，更会判断战势（如攻击侧翼）。尽管如此，能力却也有限。不知何故，他们没有一举攻下村子，那里早已毫无抵抗。这将不仅仅是一场胜利，活捉整个民兵部队，更会重创科尔多瓦前线。相反，敌军部队以及飞机在晚上六点半左右就停止了行动。可能觉得已圆满完成今日任务，天快黑了，可以收工。炸弹也很成问题。不知这批炸弹是在哪儿制造的。空投也的确是空投，即从高空将炸弹扔下，不必预先瞄准。总之，这一天的轰炸行动就像一场闹剧。

政府军的表现更糟。军官率先逃跑，村庄守卫和民兵见势不妙，亦无心恋战。作战失利，参谋难辞其咎，如此玩忽职守，当属特例，但是我想政府军中能力低下的参谋恐怕仍然不少。即便参谋能够胜任，民兵却受不了空袭和炮击，哪怕是小型炮，也不晓得无长官命令不可擅离据点。民兵逃跑，不感惭愧，觉得是命运和他们作对。如果一直这样，赢得胜利的当然是敌军。他们有外国支援的先进武器，虽然不多，质量也不好，却似乎使民兵吃尽苦头。

通过训练能够提高民兵的作战能力，但纪律的养成更加关键。见过塞洛木里亚诺的民兵，我想起有关奥罗佩萨、塔拉韦拉的传闻。那里的民兵并不是在激烈交战后溃逃，而是在第一轮炸弹投下、第一拨炮弹发射之际。这与马德里、巴塞罗那巷战中冲向炮口的英勇形成鲜明对比。但是在西班牙人看来，在熟悉的巷子里交火与在开阔地上直面敌人恐怕是完完全全的两码事。

九月六日

昨晚住在波索布兰科，与几个西班牙记者一起。他们对这场惨败毫无疑义，尽管发给各自报纸的电文流畅又乐观。有位记者提醒我关注科尔多瓦前线南段，并非从军事上，而是从政治以及心理角度关注。这的确值得关注。下午，经过漫长而艰难的行驶，我们进入里奥堡村（Castro del Rio）。

这是个典型的安达卢西亚村子，人口密集，生活艰苦，是安那其的老据点（已有二十六年之久）。与波索布兰科类似，卫队与权贵发起反叛，先是取胜，随后遭村民包围，弹尽粮绝而投降，终被斩尽杀绝。叛军部队离村子只有几英里远，已发动两次进攻，均告失败。所有入口都设了重重路障，密切监视。安那其实践着自己的主张，再造伊甸园，酷似一五三四年再浸礼派在明斯特的所作所为。

里奥堡村废除了货币。这里的土地属于三位大亨，已被征收。村政府解散，并没有与委员会合并。委员会接管土地，仍像以前一样，分别由之前雇佣的农工耕作。当然，不再支付工钱。说以实物支付也不对，就没有报酬这回事。村民从仓库领食物。

食物贫乏，我想怕是比以前差得多，比一贯艰辛的安达卢西亚短工平日吃的还差。所幸村子种植小麦，不像许多这类村子，只种油橄榄，因此总还有面包。一大群羊，与土地一起征来，所以有些肉。仍有香烟存货。就这些。我想喝点什么，咖啡、葡萄酒或者柠檬汁——都没有。酒吧已不再营业，赚钱的念头让人反感。我看了看仓库，存货少得离饥荒已不远。村民似乎对此颇感自豪。他们告诉我们，很欣慰，不必再喝咖啡，似乎废除这类可有可无的东西是一种道德提升。他们向外界所求不多，主要是衣物，希望能以充裕的油橄榄换得（至今还没有安排）。他们对上层阶级的厌恶远远不是针对钱，而是道德上的厌恶。富人的生活并不为其所艳羡，躲还来不及。他们所想象的新社会就会是这样清苦。

九月七日

我们在安杜哈尔过夜，随即匆匆返回马德里，一路风平浪静。在西班牙的最后这几天，从前线传来的消息都极糟，官报也不再捷报频传。局势动荡，昨天我们放弃了去马拉加的计划。卡瓦耶罗主持政府，或许会扭转颓势。

路上见到逃难的人,一伙一伙,在拉曼查省各地落脚。本地人难免心生不安,但仍格外照顾难民。

我们在拉曼查一处客栈吃午饭,一个男人闯进来,抱着什么——一枚炸弹。人们非常兴奋。这是昨晚敌军轰炸阿兰胡埃斯铁路枢纽时投下的几百枚炸弹中的一枚。他一路开车,开了超过一百英里,把它带回家,作为纪念。简直是玩具,这么折腾也没有爆炸。

马德里

九月八日至十一日

 这几天忙于办理离境手续，并为下一次探访做准备。马德里看上去没有变化。依然一派欢乐，不闻其他，尽管显而易见，食物供应愈发紧张，包括饭店。而入夜以后已不见灯火，只有一些灯笼、电车和汽车发出的蓝色光芒。许多房子入口处有"防空袭"标志。各处张贴着毒气攻击来袭该如何逃生的海报，人们似乎并不太留意。上一次空袭是多天以前的事，而且被政府机预先发现，完全败露。

 而消息灵通人士无法处之泰然。他们再清楚不过，敌军朝马德里推进迅速，民兵间惶恐情绪蔓延，佛朗哥随时可能突袭马德里。留下还是离开，这是个问题；记者和外国观察者在反复掂量。与此同时，卡瓦耶罗出台一系列措施，最关键的一项是成立作战指挥部。报纸依然乐观昂扬。第一步还没迈出去，报纸已在盛赞卡瓦耶罗政府是"胜利的政府"；并且大造声势，我军"攻占"韦斯卡。但是比起旧政府，新政府至少愿意更有作为。

九月十二日

从马德里去巴塞罗那，一路风平浪静。

九月十三、十四日

在巴塞罗那停留两日。比起八月，如今空旷而安静，革命热潮渐渐退去。许多我在八月认识的人都已奔赴前线。兰布拉大道上最常见的，是从马略卡岛返回的民兵。新内阁放弃了这一远征行动。我在马德里的最后一天见到部分远征军。阿尔卡拉大街聚满了人，不敢相信加泰罗尼亚人赶来保卫马德里。他们仍是地道的加泰罗尼亚人，以自己的语言喊着"加泰罗尼亚万岁"。这些士兵在马略卡岛已奋战数周，稍做休整后就直奔马德里。纪律严明，比我在埃斯特雷马杜拉和安达卢西亚见到的任何一支队伍都出色得多。现在又在巴塞罗那见到马略卡远征军的剩余队伍，不久也将开赴马德里。远征无果，依然充满斗志，不由得让人敬佩。他们刚刚开始在西班牙革命中发挥作用，危险越大，抵抗也越顽强。佛朗哥最好别高兴得太早。然而眼下政府军节节败退，尽管报纸不报，我听说圣塞巴斯蒂安已被攻占。

九月十五日

经布港离开西班牙。

三

重返西班牙,一九三七年

一九三七年一月中旬，我做了二次探访，方方面面都起了变化。记者无法自由走访各地，除非具有党员身份。我所遇到的阻碍更是远超预期。不得不弃用直接誊录原始笔记、呈现每日观察的做法。

同时，如今更容易弄清政治问题的来龙去脉。我已结识相当多的人，获得更多信息，也更了解战争进程。因此我决定不再聚焦于不同地区的事态进程异同，转而研究关键政治问题。研究报告如下，其中也包含观察记录。

这份报告是在西班牙期间所写：加泰罗尼亚部分是我到达瓦伦西亚后几天内完成；返回瓦伦西亚不久，我完成了马拉加部分；其余部分是在离开西班牙后几天内完成。

我站在观察者的位置上记录了一月和二月的局势，没有作任何改动，虽然又过去了几周。就其本身而言，并不比之前或之后哪一阶段更加关键。那刚好是个灾难性的阶段：在政治领域，发生内阁危机、克莱伯将军被解职、苏联大使罗森伯格也被解职；在军事上，有马拉加溃败和哈拉马沦陷。我的观察聚焦于这一阶段，并非内战全局，自瓜达拉哈拉战役后显然已进入新阶段——会另作讨论。但是我已身处国外，获取信息有限，只能尽力而为。

即使自三月中旬之后，局势已变得有利于共和政府，也不能就此断言之前的灾难性阶段无关紧要。每一阶段的发展都左右着未来。内战伊始，工人在马德里和巴塞罗那巷战中取得胜利，引发社会革命——已趋于尾声，但影响仍在，加泰罗尼亚工业集体化仅是较为重要的成果之一；九十月间的一次次败北迫使政府寻求外国援助，也因此承受着政治压力。眼下，政府取得军事胜利，危急时刻度过，集权趋势却在继续；将更加依赖统一指挥、统一管理，而非倚仗一伙手持武器的民众。这也将左右西班牙的命运。历史无冗余，每一行动，每一决策，都会在后续事件中有充分体现。因此，历史学家需竭力捕捉某时某地的真实情形。我也原原本本呈现我的记录，并不沉迷于预卜未来。

巴塞罗那

第二次西班牙之旅至少有一点与第一次相同：谣言。无论老友还是泛泛之交，都把过境讲得极糟。据说法国边境极难通过，要符合种种条件，西班牙边防委员会则进行人身搜查。过境比第一次还顺利。法国方面仅仅是让每个人签署一份声明（过境是自愿行为，如有意外，铁路公司概不负责）。塞尔贝尔（Cerbére）与布港间的边境隧道已被叛军巡洋舰"加那利群岛"号炮击过数次，尽管不太奏效。我安全过境，政府军一艘军舰正停靠在附近，海上不会发起攻击。

火车上有一伙国际纵队志愿兵，大多来自大西洋对岸：加拿大、美国、古巴、墨西哥和菲律宾，聚在一起，不分彼此。大衣和靴子备得齐全，从体格上看都不像是失业者。有不少人是抱着冒险心态而来，不乏颇具军人资质的年轻人。他们聊得兴高采烈，从一个个停靠站的快餐部买了不少东西。在佩皮尼昂（Perpignan）齐齐下车。西班牙共产党在那里设了点，对志愿兵做最后一次筛选。两天后，还是这支队伍，在民众热烈的欢呼声中进入巴塞罗那。法国当局没有阻碍志愿兵通行。

西班牙边境也一样，不为难人。没有搜身，仅是查查携带外币的情况。政治委员会仍然存在，仍然有权检查证件，决定是否放行。已在车站里办公，方便多了。与去年八月不同的是，成员似乎主要是安那其，对我礼貌而友好。

火车有一等、三等车厢，一节餐车，出发准时，抵达也准时，和八月时一样。其他方面完全两样。去年八月乘坐火车时，沿途看上去几乎与平日无异，如今建起军营。整条海岸线都有军队驻守，堑壕也挖好了（这些堑壕如何抵挡军舰炮击？）。军队也与之前的民兵迥异。谁是长官谁是士兵，一望即知，长官的军装更像样，缀臂章。先前的警察力量，突击卫队和国民卫队（如今叫作"共和国卫队"）随处可见。突击卫队又穿起了惹眼的深蓝制服，戴起了鸭舌帽，金色穗带多了不少。国民卫队不再戴那夸张的黑色三角帽，换成朴素的绿帽。他们一点儿都没想显得像无产者。士兵服装还没完全统一，但五颜六色的罗宾汉式装束也完全见不到了。帽子上配党名缩写的人稀稀朗朗。连我车厢里的一个安那其士兵也不说"民兵"，而说"军队"。餐车里有不少军官和飞行员，我不觉得士兵会在这里吃饭。餐车供应饮料，食物少得可怜。

巴塞罗那依然令人震撼。不再有街垒，不再有涂着标语缩写的汽车载着一群戴红色领巾的男人呼啸而过，不再有身穿便服、肩背来复枪的工人。除了制服挺括的突击卫队和国民卫队，根本见不到几个带枪的人。党组织据点门前不再人头攒动，大停车场也不见了。八月时处处闪耀生辉的红色横幅和铭刻已黯淡。街头尚未出现"资产阶级"。真正的富人，如果还在这里住着，绝不会在公共场合露面。兰布拉大道，巴塞罗那最具人气的地方，工人氛围已稀薄得多。彼时戴帽子都危险，如今没有人顾忌了，姑娘们也穿出靓丽衣裙。一些较为时髦的饭店和舞厅重新开张，不乏顾客登门。商人、小店主以及专长人士等一一现身，街头气氛为之一变。大陆旅馆，我之前住的地方，那时住着相当多的民兵；如今入住的客人不少，正常支付住宿费，衣着相当不错。这间旅馆似乎生意正旺。

革命势头减弱，连战争也是。几天后我去瓦伦西亚，一位政府高官难掩愤慨："加泰罗尼亚人可没在打仗。"

没错。巴塞罗那的征兵几乎停止。我停留了一个星期，眼见一列列外籍志愿兵经巴塞罗那前往南方，却不见一支本地队伍去阿拉贡前线。那里仍在僵持。人们对战报早已失去企盼。街上鲜见伤员。

另一方面，人们担心空袭（不久前瓦伦西亚遭袭），更担心海上攻击，为此做足防御。加泰罗尼亚人做真正想做的事时总是细致有加。大批防空洞准备就绪，所有商店橱窗都贴满长纸条，以防被震碎。富于想象力的地中海居民，把不得不做的事变成了乐趣，纸条排列得十分悦目，生意没有冷清，反而更加吸引顾客。一个下午，在提比达波，我听到炮声低沉的回响，是为抵御海上攻击的排炮演练。两天后，凌晨两点，我被同样的轰响惊醒。一艘巡洋舰正在炮轰港口（到了早上我们得知，它没有得逞）。刺耳的警报响彻全城，灯火熄灭三十秒以示提醒,三分钟后正式熄灭。奔出家门的人都已寻到防空洞。我去了地下二层的一处,照明充足,还有椅子。一位夜班警卫赶来查看一切是否正常。我感到无比安全。

巴塞罗那要应付的大问题不是炸弹,而是食品供应。这与政治冲突密切相关。想弄清楚就得先了解一下当前政治形势。

自八月以来,本地政治图景日趋简化。各个政党仍存在,但大多丧失影响力,变得无足轻重。左有马统工党,这个托派及类托派的政党势头明显式微。右有影响力本就有限的加泰罗尼亚共和派。加泰罗尼亚左翼共和党一直秉持激进的加泰罗尼亚民族主义,也是眼下唯一有分量的非工人阶级政党,依然在主持自治政府,主席孔帕尼斯和总理塔拉德拉斯(José Tarradellas)都属于左翼共和党,然而在八月时衰落就很明显,如今已极弱。与其有来往的人可能仍在抱怨安那其势力日益增强。其实,共和党人让位于安那其的时期已经结束。左翼共和党衰落,崛起的并非安那其,而是加联社党。如今仅存两支主要力量,即安那其与加联社党。占据主动的显然是后者。

不得不注意的是,在一九三一年共和国宣告成立之前,巴塞罗那只有安那其的全国劳工联盟这一支工会组织,尽管联盟提过不少彼此相异的政治主张。社会党人胡安·科莫雷拉(Juan Camorera)虽然也在巴塞罗那,那时却还默默无闻。一九三一年以后,在马德里政府的帮助下,社会党人的工会组织劳工总会不断尝试在巴塞罗那立足(社会党人任政府要职),并非全无成果。他们不参与一九三三年起义,孤军奋战的安那其伤亡惨重。不久，安那其改变政策，在七月发挥主力作用，到底赢得了几乎所有体力劳动者的支持。在铁路工人、雇员及类似群体中间，全国劳工联盟和劳工总会的影响力不相上下，也因此冲突激烈。但就整体而言，安那其无疑是加泰罗尼亚实力最强的组织。

自七月以后，这种局面被打破，起初缓慢，而后加剧，由两个相生相伴的事实所引发。其一是安那其的恐怖统治。大规模征收和处决使市民阶层吓破了胆。他们往往选择左翼共和党，但是自内战爆发以来，左翼共和党丝毫不是安那其的对手。市民阶层一心维护本地利益，仅就此而言，决不会认同法西斯——彻头彻尾的卡斯蒂利亚中心观。他们想寻求庇护，可与安那其抗衡。

农民的态度更成问题。在那头几天里，安那其的目标是村里大户，后来波及普通农民，靠剿灭大户赢得的优势不复明显。社会党人和共产党人反对废除地租、征收土地。安那其从反对统一立法的原则出发，拒绝对征收来的土地进行立法，农民获得土地，却无法律保障。另一方面，民兵口粮以及大城镇的食品都要从农村征收，农民不堪重负，愈发不满。涓滴汇聚，削弱着安那其的影响力。

进入十一月，危机来袭。叛军攻占托莱多，目标马德里，战争似近尾声。苏联施以援手。援助不仅改变了战争走势，也使政局动荡，向共产党人倾斜。

苏联派来数量有限的专家、指令官、炮兵军官以及飞行员，只管发号施令，与其余政府军完全隔绝，尽管其存在不是秘密。也在每一个紧要关头运来数量可观的武器。西班牙迫切需要这些武器，尽管做了种种努力，军火工业发展仍然缓慢。或许最为关键的援助既非专家也非炸弹，而是"国际纵队"。志愿兵在保卫马德里中起了重要作用，他们来自世界各地，但没有来自苏联本土的士兵。

大部分武器交给了已迁至瓦伦西亚的共和政府，留在加泰罗尼亚的全归加联社党所有。武器的出现直接影响到加泰罗尼亚的政治形势。去年八月，加联社党担心在克复萨拉戈萨之后（那时谁都以为轻而易举），握有大把武器的安那其会发起突袭。转眼工夫，加联社党坐拥大把武器，还有了充裕资金开展大规模宣传，安那其被远远落在后面。自七月起不断演变的纷繁态势瞬间汇聚于一点。对安那其不满的各个群体都站到了加联社党这边。

革命往往会半途而废，要么进行到底，否则不如不开始。安那其的行动威吓到各个阶层，却没能最终掌权，制伏各路反对势力。安那其仍掌管着一些工厂，规模较小，不是目前所急需的工厂，尤其是纺织厂（包括仍由原厂主管理的纺织厂），因为他们仍有大多数工人的支持。在更为关键的军工行业，尽管安那其也有大多数工人的支持，技术顾问——几乎全是来自本地或苏联的共产党人——变得不可或缺。就整个巴塞罗那而言，安那其的影响力日益减弱。

而加联社党的影响力稳步上升，在工人中间取得了一些支持，在广大雇员以及小店主中间也呼声渐高。与此同时起了鲜明变化。有了苏联的武器援助、意识形态的影响、共产国际的建议以及大批外籍志愿兵的到来，加联社党实际上已受共产国际领导。

加联社党发起攻击。去年十月，安那其参与加泰罗尼亚自治政府，比马德里的安那其参与中央政府要早。据我所知，此举是出于现实考虑。形势危急，各路反法西斯势力需组成联盟。那时的加泰罗尼亚自治政府仅由左翼共和党和几个类似的小党组成，安那其的加入使之大为改观。加联社党也参与了政府，马统工党的领导人尼恩出任司法部长。安那其反对参政的信念似有所松动，但这是加泰罗尼亚政治左转的一大步。然而不久战势恶化，革命力量参与政府所带来的影响被完全颠覆。

施予武器援助和意识形态援助的苏联人还有政治上的考量，可以由加联社党执行。首先要求解散"民兵中央委员会"，这个与加泰罗尼亚自治政府并存且更有权力的管理机构，一直以来由安那其把持。加联社党认为，既然安那其已参与政府，这一独立机构不该继续存在。委员会就这么解散了。安那其丧失了自己的据点，只保有几个部长职位。委员会主席米拉维特列，也是安那其与左翼共和党的非官方联络人，转入宣传部。负责追剿反叛势力的调查委员会（民兵中央委员会的下属机构）也被解散，成立了隶属政府的监察委员会。加泰罗尼亚革命的委员会制时期走到了尽头。

加联社党的下一个目标是马统工党。马统工党抨击斯大林的所作所为，在西班牙问题上也持坚定的革命立场——不知哪一方面更招加联社党憎恶。却并没有立即得逞。其实马统工党名声不佳，组织单薄，却认为安那其和社会党——这两个有深厚民众根基的党派应听令于自己。安那其掌握实权之后对待马统工党毫不留情，而此刻却认为加联社党的攻击也旁及自己。加联社党拒绝马统工党参与加泰罗尼亚自治政府，认为有进行"反革命活动"嫌疑（指托派与盖世太保勾结）。安那其表示抗议，部长危机持续了四天。苏联扣下了已允诺支援的重要武器。最终，安那其不得不妥协。

至此扫清一切障碍，进而发起一场取缔各类委员会的运动，重新确立自治政府的权威。大概就是在元旦那天，将科莫雷拉任命为加泰罗尼亚自治政府食品部部长，此人极为右倾。安那其的表态模棱两可，这是一个革命政党衰落的征兆。他们丧失了方向感，不得不放弃反对集权等惯常主张，眼下无路可走。马统工党日益衰微是有目共睹，部分成员已想举旗投降；安那其表面看去没有太大变化，其实在走下坡路。他们一切接受加联社党的安排，加联社党则在等待合适时机，吞并他们，或在其更为衰弱之际给予一击。

科莫雷拉的到来成了冲突公开爆发的导火索。安那其厌恶科莫雷拉，科莫雷拉一直认为社会党的首要目标就是与安那其斗争到底，也从一开始就反对安那其的集体化政策，却没想到在共产党人那里找到共鸣，他们早在九月就提出"保护小工厂主财产"的口号。然而这条口号想在加泰罗尼亚实施十分困难。加泰罗尼亚的工厂征收范围比西班牙其他地区大得多，多是先杀掉工厂主及其继承人，或工厂主逃到叛军辖域或国外，留下的工厂自动被征收。因此这些工厂仍由安那其管理，无法再被私有化。科莫雷拉却在自己的权限范围内寻到机会。与工业领域相比，在商业领域取消宏观干预更容易：科莫雷拉宣布政府不再介入巴塞罗那的食品供应。

巴塞罗那的食品供应一直由各村的"面包委员会"负责，是政治委员会的分支，自然多受安那其的影响，并在其协助下将面粉运往各个城镇。加联社党称他们不是在协助，而是搞破坏。村民并不情愿把面包送出去，因为得不到足够报偿。食品供应急需管理，科莫雷拉却遵照"绝对自由"的原则办事——一般的战时政府都不会这么做，右翼社会党人却坚定不移地信奉——听任零散的面包委员会各行其是，拒绝统一筹划，并恢复了私人面包贩卖。一月的巴塞罗那连一套配给制度都没有。工人仍拿自己的钱买面包，工资自去年五月以来几无变化，面包价格却见涨，还不一定买得到。清晨四点女人就赶去排队。科莫雷拉的上任加剧了面包短缺，工人聚集区怨声沸腾。或许不能归咎于科莫雷拉个人，短缺必然会发生，这一年的收成只会越吃越少，不会越吃越多。安那其怀疑他是想破坏其经济政策，要科莫雷拉对这场严重危机负责。双方互相攻击，针锋相对。安那其青年组织强烈要求科莫雷拉辞职，他"无能而又居心叵测"。加联社党则以张贴海报来回应，有一些还是匿名发布，写着"少些空谈，少些委员会；多些面包，一切权力归自治政府！"

食品供应问题至少可以从以下三方面来理解。首先，它是两种政策冲突的焦点，安那其一向主张对食品作统一管理，而共和派和共产党人则要保护个体商贩。其次，它被当成一件武器，加联社党用来败坏委员会的名声，安那其则指责是加联社党造成了食品短缺。第三，无论各路政治家怎么回避都改变不了这个事实——比起互相指责，如何填饱每一个人的肚子才是最重要的事。眼下食物短缺已非常严重，尽管还不能与一战时发生在德国和奥匈帝国的大饥荒相比。买不到起码的食物，士气、荣誉感以及当家作主的信心都被削弱——在七月，工人可是把权力牢牢握在自己手里。相比之下，小店主和商人就不必太担心面包问题。这引发了不少冲突。一个下午，我就见到这样一幕。经过两家面包店门口，排队等候的有三四百人。九名突击卫队成员在维持秩序，其中两人骑着马，身着从前的制服，肩背来复枪，枪膛上满子弹。这是星期日，排队等候的男人和女人差不多各半。店门紧闭，不知得等多久。一扇门开了，面包师出来张贴告示，大意是今日无面包。这激起了一阵抱怨，仅仅是抱怨，暴虐惯了的突击卫队立即出手了。那两名骑手把马赶上人行道，令其不断转圈，后蹄不时踢到人。这算不上残忍，却让人心头发堵，最说不过去的是根本没有失序，等候的人毕竟不算多。我想要是伦敦的警察就不会用马后蹄去对付民众，而是会和他们说明情况，请他们回家。突击卫队却觉得马后蹄是驱散人群的最快方法。旧政权下的西班牙警察眼里没有民众，他们认为自己的职责就是开枪和逮捕。突击卫队是在共和国时期组建，所服务的政府却是反民主的，在思维习惯上与国民卫队并无太大不同。这些在专制政权下发展起来的警察力量如今面对革命的工人群体，他们空着肚子排队等候面包。我和朋友说起我看到的情景，他们说这真不算什么，在别处已发生两起严重骚乱，为了驱散人群，警察用枪托击打女人。

不只是食物供应，军队建制也是冲突焦点。目前，加泰罗尼亚实际上有两支队伍，一支是人民军，募集而成，听从之前的警察或军人的指挥，掌握在加联社党手里，守卫海岸线。我从布港到巴塞罗那路上见到的军队就是。另一支是韦斯卡-萨拉戈萨军，依然是支民兵部队，受安那其指挥，军人只做军事顾问。这两支队伍互不相容，都不开展进攻。安那其当然明白整编民兵队伍之必要，但是该如何整编，处处存在分歧。加联社党不想保留军队的一切革命特征，长官应由上级委任，不该设立士兵委员会，召开士兵大会。士兵应向上级行军礼，恢复军阶制，层级分明，一目了然。总之，加联社党希望组建一支由长官统率的常规部队，长官要么是现役军人，要么是外籍专家，都听从加联社党调遣。安那其的处境十分尴尬。整编军队的任务与其原则相冲突。他们不愿放弃自七月以来组织起的民兵队伍，尽管其作战能力有限。整编后的民兵不再会是安那其的民兵。这犹豫不决使得加泰罗尼亚参战能力大打折扣。而一旦安那其没有了民兵队伍，加联社党不会心慈手软。谁拥有武装力量谁才能决定革命的走向,安那其对此十分清楚。要么保留民兵队伍,顶住作战压力;要么后撤一大步,退回到革命之前。进退两难。自去年十一月以来,西班牙革命一直在此徘徊,打转,越不过这道空墙。

必须意识到加泰罗尼亚的摆幅比其他地区更宽。这里始终是西班牙的革命中心,自七月十九日以来社会革命开展得最为迅猛。其他地区还没来得及开展革命,战争成了最紧迫的事,压过了其他一切。战场上节节败退,不得不向苏联求助,也使共产党人的影响力大增,冲在最前面的加泰罗尼亚被孤立。巴塞罗那的市民阶层更心惊胆战,也更想反扑,毕竟安那其仍占举足轻重的地位,但是与其相对抗的势力其实大多并非加泰罗尼亚人,部分是外国人。阿拉贡前线的僵持亦雪上加霜。战场上败北反而可能会削弱党派间的敌意。

瓦伦西亚：中央政府

从巴塞罗那去瓦伦西亚。八月时乘火车，气氛平和得仿佛普通旅行。如今的火车极像一战时的火车。一等车厢和三等车厢一样挤满来自北部前线的士兵，要南下增援安达卢西亚，那里陷入僵持。凌晨两点才抵达瓦伦西亚，晚了三小时。四处漆黑，各个旅馆早就住满了人，添不下一张床。我只有一把扶手椅可坐，勉强休息一会。后来才在一家旅馆找到房间。这里住宿是大问题，吃喝不太愁，仅肉和土豆匮乏。旅馆有所谓"战时餐"，"仅仅"四道菜，讲究饮食的西班牙人会觉得受约束，而我自己都吃不完。

与巴塞罗那不同，这里的生活一如往常。一月中旬港口受过军舰炮轰，已被忘在脑后。晚上十点实行灯火管制，这是唯一可见的生活习惯上的改变。政府迁至此地，商店和旅馆的生意红火多了，还得赶建防空洞。征兵比巴塞罗那常见些。也有军事检阅以及类似的列队行进活动，与欢快的气氛再相融不过。

和巴塞罗那一样，这里也总算少了处决，有了集权趋势，受实际独立于中央政府的本地人民执行委员会管辖的时期已经结束（委员会宣布解散，但目前仍协助政府管理事务）。十一月战局恶化，共产党人和安那其爆发武装冲突，以安那其落败告终。然而本地政治观点却越发左倾，比现在的加泰罗尼亚更加左倾。因为社会党和共产党总部都迁了过来，瓦伦西亚才算真正参与革命。征收继续进行。大多数旅馆、饭店和电影院归属工会，或由工人直接管理，柑橘出口由两个工会组织负责。仍然有身着便服的工人，肩背来复枪，在街上巡逻，夜晚也是如此。

从本地转到国家层面，看到的景象多少有所不同。如今想观察宏观层面的动态必须观察瓦伦西亚，因为这里是中央政府所在地。观察结果依然是共产党人影响力与日俱增。

共和政府无法组织力量抵御佛朗哥的进攻，寻外国援助而不得，终让位于卡瓦耶罗政府，左翼声望一时攀至最高点。新政府没能守住托莱多和圣塞巴斯蒂安，正如共和党人在埃斯特雷马杜拉的惨败。左翼社会党人力量之薄弱由此可见。仅有少数党内元老持左倾态度，如阿拉吉斯坦（Lluis Araquistáin），目前是驻巴黎大使；卡瓦耶罗不再年轻，阿尔瓦雷斯·德尔瓦约就成了唯一具有号召力的左翼领导人。可一个人只是一个人，社会党对民众的号召力无法与安那其相提并论。唯一根基深厚的地区，阿斯图里亚斯，是右翼社会党人的地盘。卡瓦耶罗能担任总理，自己并没出多少力，而是因为共和党毫无作为，安那其又不愿（抑或没有能力）担当重任。

进入十一月，佛朗哥的摩尔军团抵达马德里郊外，卡瓦耶罗不得不把实权让渡给第一个施予援助的人。有苏联支持的西班牙共产党站了出来。共产党人也因此成为反佛朗哥阵营的领导力量。武器援助如何转化为政治权力？首先，并非通过在广大工人中间唤起支持，虽然入党人数成倍增加。内战伊始，西班牙共产党最多有三千名党员，到了今年一月底，公布党员人数为二十二万（增幅遥遥领先，尽管各路左翼党派党员人数都有增加）。西班牙的统计数字不太可靠，所反映的大趋势却可以得到观察的证实。而且，由其统领的第五军团的征兵工作进行得最为成功，募集人数多，个人素质又出类拔萃。但是不能只看这一面。一个政党在工人运动中的影响力体现在是否争取到核心工人群体，而非党员人数。就此而言，西班牙共产党不像新增入党人数和作战能力显示得那般强势。自七月以来，共产党人没从安那其或社会党人手里赢得一支体力工人工会、一座大型工厂或是哪片工业区，而是争取到若干公务员和私企雇员工会，在不少村庄也赢得支持。共产党人认为如果将来在劳工总会内部举行自由选举（因内战爆发而中止），定能赢得相当多个分支工会的支持。但是，要问工厂工人更支持谁，并不是看选举，而是看最有号召力的那一群工人更拥护哪一方——还和从前一样。党员人数激增并不意味着在工人间的影响力也大大增强。以加联社党为例，产业工人寥寥无几，公布的党员人数却有四万六千，绝大多数是公务员、私企雇员、小店主、商人、军官、警察、专长人士以及部分农民。在西班牙其他地方，工人共产党员所占比例会高过加泰罗尼亚，但人数仍不多；而在有些地区，尤其是瓦伦西亚乡村，获得的农民支持无疑更高。如今的西班牙共产党，首先是军事和组织人员的政党，其次构成是小资产阶级和若干富农团体，再次是雇员阶层，最末才是产业工人。起初几乎毫无根基，随着内战的进行，它吸引了观点以及利益与其政策相符的人群。这一演变有着深远意义，会左右西班牙未来政治走向，也会对国际政治产生影响。

吸纳党员之外，施展影响的主要手段是实行融合政策，即把独立政党纳入自己的轨道。加联社党就是典型例子，还有社会主义青年联盟，去年九月时狂热支持卡瓦耶罗，现已隶属共产党。这一融合进程在安那其传统深厚的地区受阻。

两年前，共产国际奉行的还是斗争路线，想扩大影响力只有把对方击倒在地。如今正相反，公开爆发冲突已极少见，费边式渗透成效显著。与其他国家不同，共产国际在西班牙的渗透并非通过树立领导人的威望。尼恩和毛林早已退出，组建了马统工党。如今的领导人，如迪亚兹（José Díaz Ramos）、米亥（Antonio Mije García）、埃尔南德斯（Jesus Hernandez）、乌里维（Vicente Uribe）等人，民众都不熟悉，谈不上有个人威望。而广受爱戴的"热情之花"并不是党内领导人。苏联大使罗森伯格以及驻巴塞罗那领事安托诺夫–奥甫申科（即一九一七年十一月发生在彼得格勒的布尔什维克起义的指挥官）也在党内履行职责，但他们毕竟是外国人，可以提出建议，却不能站到前面面对民众。

领导地位体现在哪里？体现在对战争性质做了严格限定，我们在和佛朗哥交战——"保卫民主共和国"。如果这句口号里的民主共和国是指结社自由、新闻自由、各路政党可以自由开展活动，那么目前的西班牙并不存在民主共和国，也不可能存在。艰难形势下发生的西班牙革命无法像在顺遂环境中发生的革命那样自发开展。"民主共和国"不存在于当下，而是希望在战胜佛朗哥之后能够恢复的先前状态。事实上，根本无法预料那时会是什么局面。这条口号可给共产党人聚拢更多同盟，而每每陷入争执的革命力量，如安那其和托派则日益衰弱。共产党人也更易与右翼社会党人结成联盟，双方主张实已完全相同。将社会党与共产党正式合并的尝试已不是秘密。在瓦伦西亚，他们拥有同一份报纸《真理报》。与社会党融合也意味着与西方民主国家更有希望结成亲密联盟。

除了合并社会党，还要与共和党建立合作关系，这也在顺利进行中。马丁内斯·巴里奥的共和同盟并未做出过多披露。但人人都清楚双方存在合作，如果巴里奥将来出任总理，共产党人也会赞成。

共产党与巴里奥的合作算是暗中进行，与总统阿萨尼亚所领导的左翼共和党的合作已公开。不久前的一次演讲中，阿萨尼亚明确反对任何致力于革命的活动，捍卫议会民主制。这番话可谓向安那其宣战，也推翻了卡瓦耶罗出任总理时所作的革命宣言。共产党报纸予以热烈响应，人们都觉得阿萨尼亚是与共产党人商议之后才发表了这番演说。安那其的态度依然摇摆不定。瓦伦西亚的安那其报纸《社会熔炉》抨击了阿萨尼亚,引来《团结报》的批评。左翼共和党与共产党人意见十分一致,自内战爆发以来一直如此,将来极可能会联合执政。合并的阻碍甚至比与社会党合并还少,都对对方不吝赞赏之辞。正如一位年轻编辑所说,"共产党人组织能力最强,说不定哪天我就会加入"。他是共和党人,目前在马拉加的一支民兵部队任政治代表。

目前的局面就是:马统工党处在衰落中,左翼社会党人势力也在衰落;共产党人与右翼社会党人密切合作,也与两支共和党力量密切合作,各路政治力量日趋汇成一股,唯一的阻碍是安那其。这却是个不可小觑的阻碍,尽管安那其也在衰落。安那其的反对态度在眼下关键问题——改组政府上仍起关键作用。

共产党人认为卡瓦耶罗必须辞职。处于决策地位的人与自己意见相左,不要说执行,在关键时刻甚至碍手碍脚。总理候选人名单上包括马丁内斯·巴里奥、普列托和内格林(社会党人,在卡瓦耶罗内阁任财政部长)。早在一月下旬消息灵通人士就已在谈论内阁危机,至今没有定论。主要是因为有安那其的抵抗。普列托任总理或其他关键职位(如国防部长)的内阁将会把安那其排除在外,或迫使其完全放弃革命信念。

制伏安那其的尝试举不胜举,十一月也是个关键点。中央政府撤离马德里,一时间城里乱成一片。内阁其他成员都已撤离，两位安那其部长留下了。但他们并没有争权。几天后，防务委员会建立，完全听令于共产党人。从马德里到瓦伦西亚开通两条路线，一条途经塔兰孔（Tarancon），另一条途经昆卡（Cuenca）。这两地都是由安那其控制。位于塔兰孔的一支安那其纠察队拦下所有逃难的男人，把随政府撤离的工作人员也拦了下来。多亏德尔瓦约才放行。也就是说，安那其虽然拦住道路，却没有拘捕政府人员的打算，遭到德尔瓦约斥责后就放行了。劳工总会的主要官员走另一条路，途经昆卡时遭遇胁迫，有数小时之久，随时可能有生命危险，但最终被无条件释放。另一边也传来安那其起义的消息。瓦伦西亚的安那其在一次葬礼上组织起大规模游行，有演变为一场突袭的态势。但突袭意图并不明确，送葬队伍中了埋伏，意外频生，在小广场上遭到共产党人机关枪的三面夹击，伤亡惨重。进攻势头顿时受摧折。我听说塔兰孔遭空袭（已证实消息来源可靠），那飞机却不像是佛朗哥的。昆卡的共产党人已把维持秩序的工作交给社会主义青年联盟，来取代那些"无法无天"的安那其。昆卡似乎是第一个实施这项政策的地方：巧妙区别"好"安那其和"坏"安那其。与此同时，在马德里成立了防务委员会，第一支国际纵队、第一支苏联飞行中队悉数抵达，终于开始取得战场上的胜利。连安那其也承认共产党人有纪律，组织确实起作用。在这种形势下，要区别对待参与政府的安那其与"无法无天"的安那其日益深入人心。

什么是"无法无天"的安那其？政治立场不同，意义也随之变化。有时仅仅是指那些劣行累累的罪犯，打着安那其旗号肆意进行"征收""处决"，这样的人已日益减少。有时也指所有自作主张开展活动的人，为数不少的村委会在农业问题上与农业部长（共产党人乌里维）意见不一，就会发现自己"无法无天"，被划进罪犯的行列。十一月战势危机发生后，安那其领导人决定协力政府打压"无法无天"的安那其。昆卡似是最先开展的地方，这也使得当地安那其与领导人的关系十分紧张。昆卡这个安那其的据点，转眼间成了典型的劳工总会城镇。在这几周里，类似过程想必在各地都发生着。先是安那其发起攻击，引来共产党人、社会党人以及政府的猛烈回击，他们有苏联援助的武器、军事顾问、苏联飞行员以及大义凛然的国际纵队的支持，当然是武器更先进的共产党人取胜，也赢得了除了工人之外其他阶层的支持，安那其向前推进受阻。除了七月十九日之前就跟随安那其的民众之外，这半年来安那其没有赢得多少其他人的支持。

　　上述战斗仅仅是个开始，在关键的社会问题上斗争继续。最具代表性的就是瓦伦西亚柑橘出口委员会所引起的冲突（类似冲突随处可见）。柑橘出口是获得外汇的重要来源，委员会由全国劳工联盟和劳工总会共同负责，各个环节的工人都有代表，包装工人、运输工人、托运商，唯独不包括种植柑橘的农民。这些人可是最富有的一群农民，在内战爆发之前，就组建了自己的组织，致力于维护本地利益。一位杰出的观察者告诉我，如今他们大多支持共产党。柑橘出口委员会运作良好，能够履行合约运输柑橘（部分走海运），也能够预付款项购买所需物资。柑橘销量自然没有往常那么多；仅有少数抱怨柑橘有质量问题。矛盾发生在管理出口的工会组织和农民之间。由共产党人乌里维担任部长的农业部批评柑橘出口委员会，引起安那其报纸《社会熔炉》激烈反驳。争论焦点自然是柑橘的收购价。通常情况下，收购价即国际市场上的公认收购价。但是在内战爆发之前，农民是把柑橘卖给本地商人。这些商人多已被排挤，只剩下较有影响力的，帮助委员会打理出口事宜。农业部预先支付百分之五十，扣除必要支出后，另外百分之五十在售卖成功后支付。正是采摘柑橘的时候，眼下这后一半收入还拿不到。前一半收入也不是直接付给农民，而是付给柑橘出口委员会。这些钱要用来收购柑橘，还要支付各种酬劳和运输费。共产党人认为这样一来，农民就没得到多少钱。安那其指责共产党人想驱逐工会，重新让个体商人处理柑橘出口（在西班牙大部分地区依然是个体商人控制着农产品销售）；并且认为个体商人与买方的境外交易政府可管不到。获得外汇至关重要。虽然农民在柑橘出口委员会里说不上话，但至少委员会是代表政府处理西班牙最重要的出口作物，不会私吞外汇。

究竟谁对谁错？在批评对手时双方都显得有理有据。能否建立一个双方都参与的组织？仅仅由农民组成的组织，只会考虑自身利益；工会组织，如安那其说了算的瓦伦西亚柑橘出口委员会，也很难为农民着想，哪怕是满足其最基本的要求。如果这些农民像安达卢西亚或拉曼查地区的农民那样贫穷，就不会有这样的冲突。安达卢西亚的油橄榄林大多被叛军掌控，政府不能再失去瓦伦西亚的柑橘，不得不与并不支持自己的富农打交道。西班牙革命遇到了俄国革命中最为关键的问题，即富农阶层的态度。政府处理这一问题的方法实属权宜之计。富农以为把自己园子里的柑橘交上去，会先拿到一半钱，这愿望落了空，还遭语言威胁。已爆发一两起严重骚乱。库勒拉村（Cullera）反抗了，宣布独立，在海边点燃照明弹，朝瓦伦西亚开炮——瓦伦西亚远在十五英里之外。政府迅速扑灭反抗，还引来叛军飞机，对村子进行了一场空袭。共产党人在一九一七年和工人一道对抗富农，在西班牙是和富农站在一起对抗工会。有些人甚至觉得他们想重新启用从前的富农组织。

我不清楚这是真是假。但共产党人的确赢得了富农好感，抗议反宗教活动。比如在最近召开的社会主义青年联盟的大会上，这样的态度多有表达。许多人都不赞成焚烧教堂，在去年七月多地都有发生，此举野蛮粗暴，也是个政治错误。教会势力已严重衰落的地方没必要再去焚烧，而仍有狂热信徒的地方，焚烧势必加深他们对共和政府的敌意。即便如此，宗教问题也没有对共和国构成威胁。没有发生类似法国大革命中一腔热情捍卫天主教的运动。鲜闻哪里秘密举行弥撒，或神甫为面临生命危险的信众祷告。天主教信念或者说至少有些天主教习惯为民众所坚持，他们都没能对教会做些挽救努力，这就要归结到西班牙教士的所作所为。从前的高层教士每每做出与自己身份不符的事，这早已不是新闻。他们对民众不闻不问，对世界所知甚少，却无比贪婪，为谋取一己私利不择手段。但是，如果教士能够以身殉道——对不甚光彩的过去作一番补救，种种劣行也许会被迅速遗忘。完全没有甘愿殉道之人，由此可见教会衰落至极。许多神甫完全没料到会大难临头，没能及时逃跑的都被杀了。很少听说有谁顶住压力返回自己的教区，为信众秘密举行圣礼。法国天主教抵挡住了革命的洪流，尽管从前犯下诸多恶行，依然有大批殉道者。这样的事并没在西班牙发生。神甫溜之大吉，被撇下的信徒也不会想殉教。成千上万的革命者为信念牺牲，却找不到几个人愿意为教会牺牲。因此对政府而言，宗教问题并不是亟待解决的棘手问题（如今已不再杀死神甫、焚烧教堂，而巴斯克地区的教士竭尽所能帮助信众抵御佛朗哥）。

还有盘根错节的农业问题。许多记者和外国观察者都没有注意这一点，在我看来这是整个运动的核心。尽管大片土地的归属状况几乎和去年八月时一样，在那头几个月间，乡村就酿成了一场政治大冲突。如今开展调查已困难得多，中立记者无法获得许可去各地。但是从报纸、旅客讲述以及从瓦伦西亚去马拉加途中进行的观察，我也获得了一定信息。现在不必再给大地主交地租。往常收成的一半都要当成地租上交。但免除地租的实际效果被征用农作物有所冲抵，就像前面讲到的柑橘出口委员会。征收来的大片土地依然由委员会掌管（委员会已衰落，更准确地说，是由市政当局掌管），还是从前的农工，待遇也和从前一样。而在像拉曼查地区的某些小麦农场或马拉加的甘蔗园,已为农场工人集体所有,自己耕种自己管理。农民的土地总体而言没有被征收,除非是支持叛军的农民。农民地里的农产品还是卖给本地商人,这些商人也因此获利颇丰。但是也有不少农民土地被安那其"集体化"。有些经营得不错,典型例子就是穆尔西亚省的柑橘林;更多农场一团糟(如我探访过的里奥堡村,后来被叛军攻占)。共产党人发起反对集体化的运动,认为那是在安那其强迫之下完成,违背农民意愿。本就不太关注农业问题的各个政党,注意力完全集中在农民土地的集体化上。

当然,反对集体化的理由很充分。不引进拖拉机等现代农耕机械提高产出,集体化吸引不了农民。很难判断集体化多大程度上是自愿。关键在于集体化土地能否经营得好,吸引更多农民加入。想经营大片土地需要大笔资金投入,还需要专业管理。眼下正值内战,这些都是奢谈。集体化是安那其信念的最后一点残留,他们要坚持到底,能否实现已是另一回事。农业部出台的政策是拿外汇购买农用物资,如化肥,再卖给一个个土地所有者。起初价格比成本价低得多,如今以成本价售卖,仍比市场卖的便宜得多,但普通农民仍买不到(比起少数富农,食不果腹的他们更愿意集体化)。

最成问题的是人们怎么看待集体化。安那其一直主张集体化,这也为其追随者所竭力拥护,却并不意味着这是最关键的问题。农民对所谓的征收政策全无了解,不管是大地主的土地,还是早已逃跑或当成政府敌人遭处决的农民的土地。哈恩省至少有百分之九十的土地都属于贵族，且面积广阔（参见前述日记）。在社会主义青年联盟的大会上，一位来自哈恩省的年轻农民说本地农民宁愿守着自己的地，不愿集体化。他却不提土地由当地政府管理的地方，如安杜哈尔和拜林，不论是集体化还是按户分地，都会使农民受惠，农民就不会再想着自己那一点点地，收成还不够养活自己。西班牙革命的初衷本该是把贵族的土地还给农民，却渐渐走进死胡同，注意力集中在农民自己的土地是不是该集体化。

农民也不知道种出来的庄稼会派何用场。打仗需要征用物资，不管是公开征用还是以货币贬值的形式征用。农民不清楚要交出多少，日后会有何报偿。焦虑与日俱增。仅有瓦伦西亚等少数地区的富农可以不去关心叛军的最新动向；无数农民被迫离家。不只是躲避炮弹和空袭，否则在山里躲一阵就可以返回。西班牙农民大多贫苦，地主、警察、士兵都要从他们身上榨点油水，甚至还有神甫。如今躲避战火躲进了政府辖域，应募入伍的农民却不多见，自发组织保卫本村的行为也极少，不像头几个月。他们知道躲开，却不知道为何而战。叛军掠夺成性，共和政府也没让农民心里觉得踏实。农民的态度正是这种现实的反映。

村民入伍意愿淡薄，对征兵却也不抵抗。二十至三十岁的男人都在征召范围内。登记表不够，不想入伍的人可以轻易逃过。但大多数年轻人都会来到征兵处，要是查出身体缺陷，无法入伍，会觉得丢脸。体检合格仅仅是第一步，离真正上战场依然遥远。讨厌军事训练的男孩（许多人都讨厌）找到回村的路并不难，管理也松懈。说到这里不得不补充一句，根本没有足够枪支武装所有人。共产党提出强制履行兵役的口号（同时也要求统一指挥），这能否实现不仅看政府意愿，更要看如何解决武器不足的问题。能够上战场的年轻人往往会被分到所谓的"混合纵队"，就像法国大革命时著名的混合军，由部分老志愿民兵和入伍新兵组成。有上级任命的指挥官，要严格按军纪行事。这种混合纵队还没有在西班牙全境铺开。在有些地方，比如马拉加，从前那种完全由志愿民兵组成的队伍仍很常见，整编军队开展得极其缓慢。西班牙各地的安那其队伍目前统一编制，但仍具有鲜明的政治特征，不愿接纳非安那其志愿兵。

号召组建统一听令于共和政府的军队容易，如何组建则是另一回事。连力主整编军队的共产党也保有自己的队伍，即"第五军团"，已降格为普通军团。有六至七万兵力，也是政府军中最具战斗力的一支队伍。士兵并不都是共产党员，有一支旅主要由外国安那其组成，但整个军团都受共产党领导。有传言说军团会被解散，融入政府常规部队，但在其他政党仍保有自己军队的情况下，如何能先解散共产党的军队。

他们也想把军事纪律引入政治。其他地方不像加泰罗尼亚那样公开爆发冲突，却也有计划地解散政治委员会。总体而言，进展顺利，尽管尚未达成目的。主要方法是进行地方政府改革。一道法令勾勒改革纲要。今后的地方政府将由工会组织以及其他民众组织代表组成，市长设置不变。市长由省长任命，省长由政府任命。各政党以及工会组织推举代表参与地方政府。就组成而言，委员会和改革后的地方政府差别并不大，不同之处似乎就是委员会没有市长担任领导。实际操作起来，差别就会变得显著。不管市长个人能力如何，都会执掌大权。而且地方政府总归是政府机构，依法设立，而非革命的创造，就更要依法管理。

回头再想想那句口号，"为议会民主共和国战斗"。这当然仅是纲领。议会中没有持反对意见的代表——安那其拒绝参与议会，而托派远不具备参与实力。开会次数极其有限，作出的决议也是全体意见一致通过；紧急法颁布后，甚至连定时召开会议也被取消。但在地方政府层面，议会民主却可以实行，尽管会受限。而刚才提到的地方政府改革却不是战时紧急措施。完全废除选举，代之以任命制，也并非根据不同政党的影响力实行比例代表制。实际运作就成了：本地劳工总会的书记、共产党书记、共和党领导人以及安那其（如果当地有的话）协商地方政府的组成。

因此，法律将地方管辖权交到政党负责人手上，不同政党地位平等，无需理会民众意愿。如果举行选举——哪怕是把所有佛朗哥的支持者都排除在外——提出政治纲领就会是当务之急，各个政党就不能不考虑全体选民的意愿，如果想让自己的参选人获胜的话。这正是所有政党想避开的局面。内战需要统一力量是很有说服力的一句话，却不是支持这样一项改革的理由。这次地方政府改革是个重要标志，标志着朝集权制发展，而非所谓议会民主制。安那其接受了这一法案，尽管不无犹豫。其衰落由此可见，这法案与其理念有根本冲突。

眼下一切仍处于演变之中。从前的政府机构自七月丧失权威，再也没有恢复。政治委员会也在衰落，因为缺乏官方认可，共产党人的介入使其无法照常运作，也因为那一股将他们推到前面的民众运动狂潮已经退去。各地分支委员会仍在工作，负责某项事务，如征兵、食品供应、巡逻、管理汽车、管理武器、管理住宿等等。革命中止，中央机构尚未就位；小委员会林立，使改组政府遥遥无期。

马拉加

在瓦伦西亚时听说叛军对马拉加的进攻受阻,进攻正是从我到达西班牙那一天发起,起初推进迅速。人人都期望这会是战场上的转机,我也决定去马拉加。一月二十九日一早出发,二月一日才抵达,花了整整三天。

之前我没有走访过这一地区,与我八九月时看到的乡村相比是多么不同!那时随便问起"委员会",得到的回答总是有关"政治委员会",它有着绝对威信,人们不会把它与分支委员会弄混。如今问起"委员会"的构成,人们一脸茫然。"你是想问安那其的委员会,还是劳工总会的?还是交通委员会,想得到汽油?""不是,是政治委员会。"我答道。没有这种东西。最终在洛尔卡(Lorca)碰巧找到一个人民阵线的所谓"联系委员会",为联络各个政党而设。这个委员会还保有政治职能。我们在街上遇到委员会成员,要检查证件。洛尔卡也是去马拉加途中唯一一个村民自发组织守卫道路的村庄。"停车,否则开火",大幅海报在两个入口都张贴着。

去年八九月时,每经过一个村子都要停车,接受检查。过了七月那关键几天，这对打击敌人已作用不大，但守住道路这一举动充分显示了村民抗击叛军的热望。农民以及工人在自家门口的势头压过了国民卫队。如今正相反。一个又一个路卡是没有了，随之消失的还有村民参与战斗的热情。从前的警察现身了。国民卫队和突击卫队守卫着道路。历时短暂的委员会制走到尽头。

而政党组织十分活跃，横幅和海报随处可见，比北部城市多。有些海报是在本地印制，有些是从北边运来，尤其是安那其的海报，有些来自巴塞罗那，标语以加泰罗尼亚语写就。在阿利坎特省，安那其极具影响力；穆尔西亚省至马拉加省，安那其和社会党实力相当。社会党的劳工总会在马拉加省想必赢得了不少成员，之前这里是出了名的安那其据点。

这一地区食物丰盛，汽油也充足，仅限本地人使用。汽车比北边多得多（几天前，瓦伦西亚颁布了汽油管控条例，记者根本联系不到汽车）。除了卡塔赫纳和阿尔梅里亚，这一地区少见空袭。阿利坎特在十一月遭受了一次七小时空袭，但损失不大，也再无空袭。

尽管这一地区不像加泰罗尼亚那样饱经政治纷争，战争迹象依然明显。阿利坎特、穆尔西亚以及阿尔梅里亚的主要街道和广场上遍布防空洞，必须做这样的准备，因为连大型房屋的墙壁都薄得不堪一击。军队随处可见。国际纵队德国分遣队驻扎在穆尔西亚，德国工人与波兰犹太人身穿同样制服，属于同一支队伍。有相当多的波兰犹太人为政府作战，被编入这支德国分遣队，因为都懂德语——无法单独编队，找不到懂意第绪语的军人做指挥官。街头随处可见伤员。每经过一个小镇，都能看到军事设施：或是飞行营，或是炮兵学校，士兵训练营以及军队停车场。

阿尔梅里亚已遭多次空袭，大部分居民宁愿睡在街上——现在是二月！西班牙南部山区的冬天并不像人们想的那样温暖。食品供应紧张。难民不少，甚至有从马德里来的，我们的旅馆大厅里有几天曾住满了难民。雇不到汽车，连从阿尔梅里亚到马拉加的长途客车都已停运。镇长要把部队和一批军械运至马拉加，他是个有行动力的人（至少比一般的西班牙长官有行动力），立即开始征用途经此地的汽车，一辆也不放过，不管他们从哪里来往哪里去。守卫紧守镇子入口，拦下每一辆车，征为公用。我没有车，寸步难行。一天打探搜寻汽车无果，只剩下最后一个办法。我知道不准记者随军同行，但我携带的证件或许管用。

晚上六点半，天已经黑了，我搭乘增援部队指挥官的汽车前往马拉加。这位长官不同于从前的军人。他曾在摩洛哥服役五年，是中士，参与了普里莫·德里维拉征讨阿卜杜·克里姆的行动。退伍后学习机车技术，在马德里火车北站工作，那里是劳工总会的据点。他也加入了工会，成为社会党党员。内战爆发后，又应募入伍，任中尉，不久升为上尉。有类似经历的长官不在少数。他率领的这支队伍在马德里郊外的田园之家阵地（Casa del Campo）驻守了三个月。士兵们喜欢他，把他看作是平等的人。

从阿尔梅里亚到马拉加这段路十分危险。我们沿海岸行驶，而海面被叛军把持。一边是海，另一边是几百英尺高的山岩。从海上或空中实施致命打击都轻而易举。车队无任何防范。车灯一直开着，连遮光纸都没贴；也没有人想到这一辆辆汽车卡车需要保持车距。月光皎洁，几发炮弹就能毁了整个车队。这段路的中点上有个叫莫特里尔（Motril）的小镇。叛军在对马拉加发动首轮进攻时，从格拉纳达南下，欲截断交通，却只攻抵距莫特里尔八英里处。车队在莫特里尔停留约一小时。据说前方干道被淹没，通行受阻。阿尔梅里亚到马拉加这段公路遭多次空袭，损毁处均迅速修好。而莫特里尔这处桥梁损毁是因为水淹还是炸弹，我无法弄清楚。这座桥受损已一周有余，我们只能绕远路走。起初还有泥泞小道可走，后来开到河床上。汽车突然熄火，发动不着。我们转搭满载士兵的卡车。马拉加目前急需大炮，却因桥梁损毁运不过去。直到最后关头，道路才勉强通了，运过去一些。

卡车上的士兵在马德里战斗过，都非常年轻，大多是应募入伍，纪律严明。他们谈论食物、武器、战斗以及住处，没有一个人提起政治。突然传来一阵可疑声响，我们都以为是敌机。士兵们习以为常，并不惊慌，但在此时此地遭遇空袭的话，后果不堪设想。五点，我们到达内尔哈（Nerja），离马拉加还有十五英里。这一卡车的士兵以及上尉准备在一座剧院过夜。不一会儿大厅就空了，椅子都搬走了，铺位备好，秩序井然，也没有损坏设施，与八月时的民兵形成强烈对比。这不是一伙莽夫，而是一支常规部队。

休息两小时后，我便乘上一辆普通客车继续前行。乌云密布，瞬间大雨倾泻。在看到马拉加的那一刻，我才明白这是多么幸运。

我从工人住宅区入城，仅有一些房屋遭军舰炮击。紧接着驶进繁华的卡莱塔区，已是一片废墟，是在那头几天里民众纵的火。几家旅馆孤零零立着，最大的那一家，美丽华（Miramar）已征为医院。所有豪华别墅只剩下几片墙。该怎么描述这样一座死城？客车沿海边开到港口，有一条海滨大道，向内行驶几百码远，就到了市中心。这里被烧的房子没有那么多，炮击和空袭造成的破坏却触目惊心。废墟，废墟，有些在雨中还冒着烟。乍一看去会觉得整个市中心都毁了，其实有三分之二的房屋没有遭袭，郊区完好无损的房屋所占比例还要高得多。就整个城市而言，说百分之五的房屋被毁都可算夸张。然而废墟给人的印象很深，大部分集中在卡莱塔区和市中心，即最繁华的区域。让人绝望。下一次空袭来临时我该怎么办？无处可躲。四五层的高楼被炮弹削去一大块。没有地下室，也没有防空洞，只有偏远的岩洞。无法挖掘，因为会引得海水倒灌。而空袭每天都有，除非下雨——这在马拉加很少见。最严重的空袭发生在凯波·德拉诺（Quiepo de Llano）首次进攻马尔韦利亚（Marbella）受阻之际。每次空袭过后都有十几二十几人死亡，居民似习以为常。最近一次是在下午一点半，商店和办公部门快要关门,街上人头攒动,九架轰炸机来袭。几分钟的工夫,造成二百六十人死亡,超过一千人受伤,其中有不少儿童。而驻扎在马拉加的部队连一架侦察机也没有。一场无法还手的屠杀。部队已撤至郊外某地。民众久久不能平复。听不见笑声,也见不到笑容。尽管一支侦察机中队已在一月三十一日抵达,准备防御敌人。

　　雨下了一整天。这倒是采访的好机会。我去找市长,他正独自坐在办公室里。恐怕没什么事要他处理。这位大人以坚定的口气告诉我什么都没发生,一切正常,空袭是很久之前的事,最严重的一次造成两人死亡七人受伤。片片废墟就在视野之内。最后他向我推荐了一家旅馆,恰恰位于轰炸最频繁的地区,或许是为了显示信心(不得不补充一点,这种态度为他一人所独有,次日我发了封电报,内容提到空袭的真实伤亡人数,这封电报通过了军事部门审查,毫无阻碍地发出)。随后我又走访政治委员会(已演变成联络委员会),没有说充门面的话,详细回答了我的问题,但他们也无所事事(共产党人在马拉加很有影响力,早在七月之前这里就成为首个据点)。有权威可言的只剩下军队。管理机构缺席,面包也供应不足,却没引起骚乱。并非是因为暴徒的恐吓,他们已被彻底消灭,消灭得比其他地方都彻底。这是如何做到的,我尚不清楚。大教堂竟然还开着。那里挤满了从省内其他地方逃来的难民,叛军已占领他们的家乡。人们睡在石头地面上,没有铺盖,也没有什么食物,卫生条件恶劣。

瓦伦西亚晚上十点熄灯，四处漆黑，而马拉加从不开灯。惯于夜生活的马拉加，八点的街道就已空荡荡。行人稀稀落落，脚步迟缓，低声交谈，神经绷得正紧。电车整晚运行，一道光闪过，照亮阴沉的街。

在马拉加停留三天，我和几位同伴没有赶上军舰炮击，却没错过空袭。次日一早放晴，轰炸机立时降临。港口和市中心都遭到轰炸。十五分钟后，政府侦察机加入战斗，空袭遂告终止。后来我们得知，损失了两架飞机。第三天早上六点，轰炸机再次轰炸市中心。八点又来了一趟，这次空袭我没听到，睡得正沉。我们住的地方较为偏远。

城里居民竟与前线毫无联系。在前线作战的士兵几乎全是安达卢西亚人，其中又有相当多人来自马拉加，居民却并不热心做好后援。敌人步步紧逼，大幅海报张贴出来号召人们入伍，响应寥寥无几。空袭天天来，马拉加愈发消沉。另一方面，部队指挥部设在军营内，驻扎在距城中近两英里远处，毫无组织民众进行抵抗的打算。指挥部司令（亦统率整个南部前线）是比利亚尔瓦中校，新近任命，几天前才到达。他在去年七月十日巴塞罗那取得一场大捷，至今没有失利。我见过他好几次，但交谈不多。他是典型的军事学校培养出的军人，言谈举止一板一眼。熟悉他的朋友说他是个优秀军人，反感民兵。这样的人无法掌控马拉加。他认为只需对军事行动负责，事实上没有多少可供他调遣的军事力量，只有民众。

我和几位熟知马德里前线的记者一道探访了马拉加前线多

地。他们都觉得两地差异颇大。在马德里前线作战的是军事化部队，而这里依然是志愿民兵，组成先前那种政治色彩浓厚的队伍。政治代表由指挥部任命（先由联络委员会推举，各个政党都会推举代表）。民兵受过军事训练，也有实战经验，士气活跃，比马拉加城里活跃得多。埃斯特波纳（Estepona）曾形势危急，民兵顶住压力，迫使敌人退却。他们有信心守住这里。我们（一位记者除外）相信他们。他们还没和以一敌十的现代武器交过手，也没有这样的武器。

至少修建了防御工事。各条道路围上了带刺铁丝网覆盖住堑壕。但仍有不少地段毫无防御。机关枪和大炮没有排在最前面，而是和部队主力一起留守后方村子，"以应急"。

我们也探访了紧邻前线的一个村庄，停留一小时。在那里遇到了村长。他也是村里社会党的负责人，这个村支部于一九三〇年建立，如今是这里的主导力量。三年后，共产党人也在此建立据点。他本是理发师，其大多数拥护者自然是农民。这里土地贫瘠，没有大地主，也就没有征地行动。"农民从革命里获得了实在好处吗？"我们问道。他们一致觉得没有。小麦收割现在由地方政府负责（"根据中央政府的法令，政治委员会已废除"），这对农民生活没什么改善，还要供应民兵口粮。即使这样我们手里还是有余粮，农民说。他们省了又省，才有多余粮食，却做了不少事。很多逃到此地的难民讲了不少叛军的暴行。这个村子有很多人去修防御工事，没有得到报酬（整个马拉加前线的防御都是由这样的人修建起来的）。我们问一位农民:"你为什么战斗?""为自由。"他回答。不觉得这场战斗该有何回报。敌人离这里仅有几英里远,但村民并不害怕。几个月来这里一直很平静。

然而这一天还是来了。前线被突破,村子沦陷。当时我不在现场,从几乎留守到最后一刻的人们那里得知了事情经过。前线被大多从正北方和东北方驶来的坦克攻破,进攻目标之一是文塔–德-扎发拉亚山道(俯瞰小城贝莱斯-马拉加)。一旦山道被攻占,马拉加到阿尔梅里亚这段公路也守不住。马拉加面临被包围的威胁。指挥官下达了撤退命令,他认为大势已去。敌人并没有控制这条干道,而是故技重施,像在托莱多那样,保持道路畅通。

三艘叛军巡洋舰也火力全开。身处现场的人都说德国军舰"格拉夫·施佩"号紧随其后,但不能确定是否也开了火。不间断的炮击让民兵深感煎熬,然而早在敌人到达丰希罗拉(Fuengirola)——政府军在海岸线上的防御要地之前,那里的民兵就撤空了,害怕陷入敌人包围。从正北方向发动的坦克攻击情形也类似。坦克推进迅速,但是还在路上时,政府军就已撤离。

这些坦克给外人出了道难题。一共有多少辆?从哪里来的?败北一方把士兵溃逃归因为敌人攻击能力太强——有约一百辆坦克参战。虽然无法核实这个数字,但我并不相信。坦克确实不少,也并非集中在一地出现。有一点可以肯定,绝大多数是小坦克,只配一挺机关枪和两名士兵,坦克手是德国人。

另一些对外国援兵的观察就不那么可信。不论西班牙还是外国的报纸,都有不少报道说到意大利步兵团从一开始就参加了围攻马拉加的战斗。根本没有。在二月初,我和其他记者探访了马拉加前线所有关键地段,询问对面的敌军构成,回答是摩尔人、外籍军团以及长枪党的武装部队。每到一处我们都问有没有意大利士兵参战,每一个指挥官都说在他的地段没有见到,也许其他地段有。俘虏里也没有意大利人。类似的仔细排查直至整个前线被攻破都没有再进行。又有德国步兵团参战的传言。如果真的参战了,他们也该出现在夺取莫特里尔的战斗中。有传言说德国坦克团编入了驻守后方的德国混合师。这几个月里都没有俘获德国或意大利士兵(飞行员除外),无论是在马拉加还是其他地方。

马拉加的指挥官没有准备防御坦克攻击。我们这些记者里有一位看得格外远,也悲观,每到一地就问准备得怎么样,回答是没有准备。谁都知道这些小坦克缺陷不少。几英尺深、几英尺宽的沟就能绊住一辆。连这样的沟也没挖。一个营的士兵都在修建防御工事,村民也很踊跃,然而事倍功半。在怎么部署炮兵部队上也漫不经心。蜿蜒的山脉处处都是架设大炮的有利位置,守住道路轻而易举。可是有关架设大炮的新闻报道并不等于大炮确实架在山头。

来复枪和机关枪严重缺乏,何谈战术实施。兵力更是缺乏。一月十三日,凯波发动进攻,而第一架侦察机在一月三十一日才到达马拉加,第一支炮兵增援部队(带来少数小型炮)在二月一日赶到，第一批六辆小坦克在二月三日到达，人数有限的步兵增援部队在一月底陆续赶到。国际纵队分遣队已在穆尔西亚驻扎数周，只待命令下达。道路一直没修好，重型武器运不过去。

最令人费解的是军舰毫无反应，没有参战。政府后来给出的解释是伪装成叛军军舰的意大利巡洋舰出现，阻挡我方军舰前进，还发动了攻击。眼前的舰船是不是已交战数月的敌人，日夜待在舰上的指挥官怎能分辨不出？或许也不能苛责他们。大型巡洋舰上的指挥官也参与了叛乱，被船员所杀，找不到能胜任指挥的人。"加那利群岛"号和"巴利阿里群岛"号那时刚好在叛军的船厂建造，匆忙交付使用，极具战斗力，余下的老旧舰船根本不是其对手。那些潜艇为什么不用？它们都在政府手里，外国可能援助了叛军一艘潜艇。潜艇指挥官不服从指挥也不妨事，外国志愿兵可以操作潜艇。有一至两艘潜艇巡护，马拉加海上敌舰炮击也就不起作用。这也会突破对政府军的封锁。但不知为何，潜艇没有出现。

敌人用来主攻的坦克就是那种小坦克，因而这么说是公允的判断：马拉加本来可以守住。政府方面发布消息称敌人火力全开，我军无法抵御。但是敌人后来在莫特里尔攻势骤然减弱证明了只要某一方面防御得稍微好些，就可以避免这场一溃千里的灾难。民兵没有了提前逃命的习惯，在炸弹、轻型炮弹以及机关枪火力面前能够坚守。坦克却从未见过。他们逃了，之前没人告诉他们该如何对付坦克。没有谁想以肉身相搏。这不能说是民兵独有的毛病，新组建的混合纵队——在沦陷之前，马德里的混合纵队抵达马拉加,作战表现并不比本地民兵好多少。西班牙人经历一场溃败,几天后,一小支国际纵队就迅速防御了莫特里尔。

而军官的指挥能力也有限。没能针对坦克做好防御足以说明问题,接下来的判断更使一场败北演变成灾难。在山道被攻占后,比利亚尔瓦中校命令全体撤退,完全不考虑发动反攻,也没在马拉加城郊组织有效防御。从军事角度说,他对战势的判断也许没错。叛军会从海上登陆,与坦克汇合,马拉加会陷入包围,不如趁早快撤。他忽略了政治方面。叛军不怕他手下的士兵,却怕民众发起的誓死保卫之战。这就是他们保持干道畅通的原因。比利亚尔瓦的判断所基于的假设没有成真,撤退命令却引发灾难性连锁反应。部队立即溃散,离大路近的民兵只顾自己逃跑,大批部队被困,坐等被擒。城内亦骚乱不断。据说大教堂在敌人攻城之际被点燃。更可信的传闻是早在沦陷之前三天,街上枪声不断。这或许可以演变成全体民众参与的誓死保卫之战。然而四分五裂的政治势力无法动员民众。七八月间安那其可谓发起了这样的战斗,随后政治委员会继续发挥统率作用。如今安那其被挤到一旁,名声被恐怖活动损害;政治委员会内部坍塌,亦外受强压。政府也无威慑力。军队将领不理解民众战斗有何用处,只觉是在添乱。像九月中旬的巴斯克城、十一月八日的马德里所发生的事件都表明即使在军事上败局已定,如果能够点燃民众的斗志,保卫自己的城市,仍可能扭转局面。敌人后续力量不足的弱点不久便暴露无遗。下决心坚守到底的指挥官，号召民众力量，仍有胜利希望。但是，发起民众参与的保卫战需要各路政治力量通力合作，还需要使士兵懂得自己在为何而战，才能倾尽全力。最后撤离也遭敌人堵截。支持共和国的民众被困城内，数以万计，逃出去的人也难活命，他们一直向北走，从马拉加到阿尔梅里亚就有一百英里，德国坦克追了上来，还有摩尔人先遣队。他们拦住去路，放女人走（难民使食品紧缺愈发严重），射杀男人，有时就在家眷眼前。捡了一条命的人不分日夜地赶路，直至筋疲力竭，倒在路边，孩童奄奄一息。城内交战也没这样惨烈。

如果政府能够及时反应，派遣足够部队增援马拉加，结果会大大不同。然而马拉加已被忘在脑后，尽管时不时要讨论一番。本地政府瘫痪与中央政府危机息息相关。正是共和党人和共产党人考虑改组内阁的时候，安那其决心抵制，动用所能动用的一切手段，改组即意味革命阶段的彻底结束。马拉加陷落前两周，对局势稍有了解的人都在想说不定哪天早上瓦伦西亚就会爆发巷战。陷落前一天，安那其在瓦伦西亚城内发起游行，坚持大型旅馆应继续征用作医院。战火一触即发。双方都屯集了大批武装力量。政府官员和军队将领被内阁危机弄得焦头烂额，注意不到小小马拉加。右翼共和党人决定终止革命，与左翼共和党人针锋相对，终于付出马拉加沦陷的沉重代价。

空中交战

　　二月三日下午，我和两位记者一同乘坐汽车离开马拉加。一个宁静的下午。我们没想到这里很快就会沦陷。在马拉加停留的这几天赶上过几次空袭，都还顺利地挨过。不必再提心吊胆，谁知恰恰相反。

　　马拉加以东约十五英里处就是内尔哈村。四天前，货船特尔斐号遭鱼雷攻击，此时搁浅在沙滩上。船上的货物大多运走，敌人似乎并不知道。我们的汽车离船越来越近之际突然停下，同伴全部下车。我跟着下去（以为他们想走近看看那艘船）——他们已经躲到路旁的石头后面。一架水上飞机就在头顶。我刚奔到石头后面，第一枚炸弹就落了。附近的农妇惊惶逃开，寻找躲避的地方。我们待的地方既不安全也不舒服，所幸轰炸一个目标不像想的那么迅速。投弹间隔至少两三分钟，飞机需要反复盘旋来定位目标。此刻飞机飞到一座山后，我们赶紧跑出去，飞机出现，赶紧趴下，如此反复三次，才找到一处安全地方，一丛岩石后面。炸弹落在路上（有一枚几乎炸中我们的车），落进船边上的水域，爆炸的轰响低沉，而非震耳欲聋，但一次投掷炸弹恐怕重达四百磅。突然间船身冒出滚滚浓烟，它被一枚燃烧弹击中。飞机终于完成任务，开始轰炸通往内尔哈的公路。又多了两架侦察机随行。我们终于安全了。起初飞机不停盘旋，待我们明白目标不是自己，心才放下。

猛地传来一阵轰鸣，一架苏联侦察机疾速驶来。立即朝意大利飞机开火。紧接着第二架、第三四架悉数赶到。在一连串机关枪开火中，飞机上升，下降，翻转。声音就在耳边炸响，却也有种难以形容的韵律美。交战双方的侦察机都配有七至九挺机关枪，由一支操纵杆控制，枪声响得像大炮，速度却依然那么快。双方不能同时开火。一方占据有利位置，另一方就得躲避。机关枪开火也像是挑战与应答，像两个狂怒的巨人比武，要压过对方的吼叫。我们就遭殃了。战场就在头顶，流弹不知会从哪个方向飞来。几乎忘了自己。一位同伴觉得轰炸就像是在轰自己的神经，却脱口而出："太壮观了。"我们都这么想。真羡慕驾驶员，可以开火反击，不必趴在地上。交战持续了五至十分钟，胜负立现。苏联战机速度更快，数量也占优。意大利战机朝大海方向逃走，苏联战机紧追不舍，不久返回，得意盘旋。我们去找车。在桥下躲着的人们也走了出来，妇人和孩子们大哭不止，我们赶忙安慰。没有人受伤。一辆牛车倒在路上，不是被炸弹击中，是被吓坏的牛踩扁。牛车不能用了，农民心疼不已，这是他的宝贵财产。我们的车安然无恙。开出去很远还能看到船身冒出的浓烟。晚上汽车突然熄火，检查不出是哪里的毛病。想必是那一阵轰炸掀起的热浪摧毁了它。向洛尔卡的委员会借了车，才返回瓦伦西亚。

危　机

与此同时，瓦伦西亚的局势日益严峻。马拉加沦陷使得已十分严重的食物短缺问题愈发突出。政府发出公告，要求市民弃食面包三天，省下面包给阿尔梅里亚的难民充饥。面包越来越难买到，糖、肉等许多食品都是如此。旅馆全挤满了人，我找不到一处能落脚的地方，只能和朋友挤一挤，那里供应的食物极少。妇女排起长队，就像我在巴塞罗那见到的一样，怨气冲天。瓦伦西亚会像马德里那样誓死守卫吗？据说公职人员有办法弄到食品，这绝不是空穴来风。

前线传回的战报始终糟糕。就在马拉加沦陷消息传开的同一天，人们听说马德里前线南翼也被突破。三天后，政府发布了马拉加沦陷的消息，对另一条消息只字不提，尽管早已在城里传遍。人心惶惶。报纸上到处是激励斗志的文章，但征兵处没有出现踊跃报名的场面。马拉加沦陷几天后，人民阵线组织了游行，号召积极行动，统一领导；旗帜四处挥舞，游行队伍一眼望不到头，军乐奏响，大声歌唱，我却感觉不到坚定的斗志。

瓦伦西亚遭受过一次军舰炮击,港口有十几人受伤。而在马拉加沦陷后一星期之内,我们经历了两次炮击,一次是在凌晨两点半,一次是在晚上十点以后。都不是针对目标打击。舰船经过此地,随意发射炮弹。第二次遭袭时,我们住的大楼(体积庞大,在瓦伦西亚也是数一数二)晃得厉害,居民吓坏了,所幸无人受伤。但是这两次炮击都造成十几人受伤。"今晚还有袭击吗?"人们问个不停,神经不堪重负。防空洞还在修建。警报每次都是在六发炮弹落地后才拉响。

晚间守卫也因此养成了放枪习惯。遭袭时所有路灯都要熄灭——人们都理解,守卫要把还亮着的灯射灭。空袭一来,街上枪声就响个不停,可没有空袭时夜晚也不安宁。不时一声枪响。九点以后出门十分危险。听说几支安那其部队对社会党人和共产党人下手。

从多方渠道获悉,叛军计划从马略卡岛发动袭击,目标可能是萨贡托(位于瓦伦西亚以北十六英里处,毗邻瓦伦西亚至巴塞罗那铁路线)。登陆部队会与从特鲁埃尔南下的部队汇合,齐向瓦伦西亚挺进。竟有不少人想离开瓦伦西亚,北上避难。

离开可不容易。火车近于瘫痪。直到一月初还能正常运行,之后一周也勉力维持。之前火车天天呼啸而过,连巴塞罗那人的周日出游专列都没停运。似乎没人想到煤会用光。这一天终于到来了。从布港到巴塞罗那有时甚至需要十八个小时(约一百一十英里的路程),因为司机下了车,一站站找煤。汽油情形类似。之前随意挥霍,直到一月中旬短缺乍现,才有严格限令。记者很难雇到汽车,政府人员无法撤离马德里,军队调遣严重受阻。只能靠火车运送士兵,铁路就成了目标。叛军开始轰炸主要铁路线,起初还间隔几天,后来每晚都炸。瓦伦西亚至巴塞罗那这段铁路时时瘫痪。巴塞罗那至法国这段铁路受到较好保护,仍时有延误。轰炸目标不单单是铁路,也包括火车。瓦伦西亚成了一块隔绝之地。

政治危机持续酝酿。共产党人起初提名马丁内斯·巴里奥作总理,而后是普列托,以及社会党人内格林(普列托任国防部长),这一系列提名引来极大争议。有一件小事,从中可以体会到此刻的政治气氛。一位年轻的英国记者在到达瓦伦西亚几天后,对普列托进行了一次采访(他为赫斯特旗下报纸工作,但本人持左翼观点)。普列托说了不少肺腑之言。"我不理解西方民主国家民众的态度,"他说,"他们为什么支持不干涉政策?他们怎么就想不通必须帮帮这个西班牙政府?这个政府是帮助西班牙抵御布尔什维克的最后力量。"这段话可能和实际有出入,但主旨准确。我看到了经普列托本人修订的访谈稿。上面还有红色铅笔迹,新闻审查官标出所有需要删改的地方。记者明白如果坚持把原文传回通讯社,会有生命危险。整个事态之矛盾可见一斑。普列托,这位由共产党人提名的总理候选人,也是内阁(共产党人在其中有举足轻重的地位,尽管人数并不多)核心成员之一,向来自再"反动"不过的新闻社记者说他自己以及共产党人是西班牙抵御布尔什维克的最后堡垒。而这篇对核心内阁成员的访谈被由同一内阁所任命的审查官禁止，并非因为泄露了军事或政府机密（那很好理解），恰恰是因为陈述了事实。这位审查官很可能并不支持普列托，而是属于卡瓦耶罗一路，即左翼社会党人，更担心这篇访谈会在本国引起何种反响。

这件事不能怪罪普列托。他一直希望争取到西方民主国家的援助，好推行自己的政策。共产党人不像普列托那么直言不讳，并不承认一九三七年与一九一七年的政策已极其不同。彼时支持社会革命，此时则是反对革命的关键力量。他们本可以举出不少理由来阐述这一变化，但他们不愿这么做，而是否认有所变化。因此眼下在西班牙，连起码的事实都无法公开讨论。安那其与共产党人，一方主张革命，另一方反对革命——如果正大光明地对抗可能会产生涤荡作用。人们不了解形势，冲突也没有公开爆发——以主张赢取民众支持——而是暗中进行，暗杀、影射攻击、散布谣言，使出在动荡局势中所能使用的一切手段。这会严重败坏整个国家的士气，也会使各政党陷入僵化，难以在将来发挥创造力。

就在此时，我的行程被迫终止。本打算只要条件允许，就在瓦伦西亚继续观察作业。我的经历并不罕见，只是声势浩大的逮捕行动中的一例。我无法待下去，看马德里如何防卫。我去监狱走了一遭，对内战中的西班牙监狱有了一些了解；也遇到许多有类似经历的人，他们都不大愿意当众谈起。这段监狱经历短暂，换作在别的国家，恐怕不会这么"平淡"，却促使我发现了政权的某些特征。

狱　中

其实，从一开始跟踪和告发就屡屡发生，与上一次来西班牙形成鲜明对比。去年八月，我一路上和共和党人、社会党人、安那其以及托派都交谈过。我反复声明自己不属于任何组织。在某些场合，甚至说过保持中立的话。这些观点没给我带来麻烦，有也并不多。他们明白我并不是因为支持佛朗哥才那么说，相反，我真心希望这场革命能出成果。但是如果我想进行一番实地调查，作出尽可能准确的描述，就需要保持距离。只有这样，我才能与观点彼此迥异的人群走近。如果我必须加入某组织，我的研究也就无从实现。

第二次来西班牙，起初我还像之前那样做，得到的反应却大大不同。当然，因为事态发展得愈发复杂，敌对程度也大大加深，我的话也更加不中听。即便如此，和不少政党成员说起他们的缺点也并不困难，和八月时差不多。但我犯了个严重错误。上一次在巴塞罗那，我和几名共产党人说起我不同意他们的政策，仅仅得到几句气愤的回应，后来连回应也没有了。显然他们深信自己胜券在握。交谈话不投机，但也不过是交谈而已。

这一次就不同了。我没想到我的质疑会引来暗中监视,之前在西班牙各地走访都没遇到过。这是个在巴塞罗那工作的美国人,从一开始他就说他和我想的一样,政策真不合理。他说他完全理解不了。你能不能向我解释解释?我说我不能。我们没做多深交谈,但气氛还算融洽。

到达瓦伦西亚两三天后,有人想和我谈一谈。一阵寒暄过后,他才道出目的。做一个警告。我要小心。那个在巴塞罗那和我聊过天的人告发了我。怎么回事?不由得一阵紧张。转念一想,毕竟这样的人是少数,共产党人不会理会这些,不过是要澄清一番,也想好意提醒一下不巧成为盯梢目标的我。我理解错了。

这个好心人聊起在巴塞罗那没聊完的话题。和那个美国人一样,他也对政治形势深感焦虑,也支持托派——和我一样。我马上反驳我不是托派。他充耳不闻。找了这么久,才找到一位能说说心里话的文化人,真是太好了,和政府那些人只能做泛泛之交。我冷静下来;一个人觉得危机四伏还能和一个陌生人——经人告发的反共人士敞开心扉。"既然是这样,你怎么能在政府做事?"我问道。"他们都不知道我究竟怎么想。"他回答。又提到一个名字,是安排他工作的某政府高官。我没再说什么。他是一派天真还是暗中监视?保险起见,我把他当成后者,毕竟也更像。假如他真的一片赤诚,还和陌生人这样交谈,恐怕早就中了为引诱批评人士露面而设的埋伏。最后他提到了那封举报信。关键一句是:"他是个道貌岸然的伪君子。"我到底哪里不对劲,举报人只字不提,读了他的描述,人们会以为我是佛朗哥那边派来的。批评言论尚不足以定罪,不如怀疑我的人品。我感谢这位好心人,谢谢他如此坦诚,没再多说一句。这件事没了下文。麻烦却不止这一件。

在瓦伦西亚的旅馆住下没多久(约一小时后),两名秘密警察出现在门口,拿走了我的护照(上述交谈是几天后的事)。去年八月时我从未遇到过这种情形,上个月在巴塞罗那也没遇到过。但是这么做有充分理由。随后我了解到执行搜查的部门可不寻常。是安全局情报部,本已被安全局宣布解散,却仍然活跃。第二天我去了部门办公地点,特图安广场15号。不能马上拿回护照,需要进行审查,确定我是否托派。来自巴塞罗那的告发还在路上,我猜不少人都经历了类似盘问。我从来都不是托派,我的回答毫不含糊。盘问马上结束。次日,我拿回了护照。特图安广场15号是由外籍共产党人把持的地方。后来时有耳闻他们随意抓捕嫌疑人,关进监狱,一关就是很长时间。有时也错杀无辜(这一非正式警察机构也实施处决)。据我观察,他们与普通警察可谓水火不容。

想理解这些特殊警察的态度,先得明白他们口中的"托派"到底指什么。真正的托洛茨基派,属于马统工党,一直默默无闻,影响力极为有限。仅就这些人而言,共产党人完全可以置之不理。但是,眼下的古怪氛围却与托洛茨基派本身无关,与苏联内政无关,而是因为共产党人已养成一种习惯,视每一个唱反调的人为托派。其思路是，在政治问题上持反对意见罪不可恕，而罪不可恕之人就是托派（此处与该杀同义）。人们往往被自己的宣传弄糊涂，比如德国纳粹把每一个反感纳粹政权的人都称作"共产党"，叫到最后自己信以为真，认为敌人都是共产党人。四周充斥着怀疑和告发，没有亲身经历过的人难以体会。而且我也相信，在西班牙遇到的每一个为难我的人都认为我就是托洛茨基派。有以下两点理由：一，我对官僚极权持批判态度，德国和意大利也实行类似权力架构；二，我认识不少托派。如果一个人反对极权国家，还和托派交往，那么他不是托派又是什么？我尝试了不止一次，托人向很多共产党人表达自己的观点；我写的很多文章可以证明我绝不是托派，甚至可以说我对他们的评价并不高。完全没用。

幸运的是，特图安广场15号还不知道这些，不知道我的批评言论，也不知道我在巴塞罗那认识可疑分子。如果那时就被指为托派，事态会严峻得多。而我还要反复和那里打交道。

从马拉加返回瓦伦西亚后不久，在一个小咖啡馆，我和一位女记者正在闲聊（我们一同去了马拉加），两位工作人员叫我们跟他们走一趟。路上又叫来两个民兵，紧跟在我们身后，他俩很可能有手枪。我把手伸进口袋，一人立即大喝伸出手来！他没想到只是一块手帕。随后警告我不要再乱动。到了特图安广场15号，我们被搜身。显然，被当成了危险罪犯。又过了一阵，我被传到一个委员会面前。这个委员会性质不明，不是法庭，却也像一个审问团。至少有十人坐在那里，其中有几个普通人，但大多穿着警服或军服。到底要干什么？我摸不着头绪。有人给我拿来一把椅子。几个介绍性问题后，他们问起我之前探访加泰罗尼亚的事。我说我第一次去加泰罗尼亚是在一九二八年，只待了几天，在巴塞罗那一个人都不认识。又有人严肃地问我那我怎么懂加泰罗尼亚语，怎么和亚历杭德罗·勒鲁的激进党有了接触。我老实回答我不懂加泰罗尼亚语，只能稍稍读一点，从未见过激进党成员。一个年轻人高声打断了我：你撒谎，你懂加泰罗尼亚语。场面顿时变得尴尬而可笑。他们坚信自己逮住了个危险分子，而我完全不知道他们要干什么。我反复强调我不懂加泰罗尼亚语，虽然不好证明，你们肯定弄错了。他们说实施抓捕的工作人员亲耳听到我们用加泰罗尼亚语交谈。我忍无可忍，当时我们在用德语交谈。最后，我被带到另一间屋子，那位女记者正在接受类似审问。后来她告诉我，她费尽口舌解释她不是我妻子，他们也不信我们之前并不认识；又仔细检查她随身携带的信件。约十五分钟后，我又被叫进去，宣布我们可以走了，认错了人——举出不少理由。我始终不知道我被当成了谁。我告诉这个古怪法庭的负责人，语气尽量心平气和，他的手下应该知道一点加泰罗尼亚语和德语的区别，别再轻易抓人。我们和气道别。

这里还有更滑稽的巧合。当时我们正在谈着另一个被抓的人，一个德国社会党人，刚到西班牙就被投进监狱，因为特图安广场15号觉得他的证件有问题。在西班牙的那些德国难民都知道他，他一直支持共和政府。逮捕这样一个人，不经审问就直接关进监狱。我们正说着怎么才能救他出来，自己就被逮捕。次日我见到了他，他对这一切无话可说。

我想我总算和特图安广场15号再无瓜葛了。不时听到有人被抓，这些人都支持共和政府，有些一直是活跃的社会党人，但都对当下政策有所质疑。我想我本人应该安全了，可以继续行程。谁知另一个部门又现身了。

一天下午，我被几个密探拦住，"这不是逮捕，只需要你做一番说明。"起初这像是例行公事。他们是从前的警察，不像特图安广场15号的人那么神经紧张。我以为回答几个问题就行（不知要问什么），到了那里却等了几个小时，随身携带的一切证件，包括护照，都被收走。与此同时，空袭警报拉响。如果大楼被击中，人们慌忙逃命，我的文件恐怕也会散失。所幸空袭没来。等了大概三小时（"耐心点儿，耐心"，面对这种情形西班牙人会这么说），我被带到另一个部门。已是晚上九点，官员都走了。我意识到我得在这里过夜了。我提出抗议，这才有人告诉我证件都在长官那里，要等他明天来处理。似乎事态很严重。

我被带进监狱。那时我还觉得不该责怪现在的警察，这肯定是以前的监狱。第二天早晨我才发现，这监狱还有大半没修建好，是政府迁来之后才建的。我的牢房约八英尺长，四英尺宽，有一条长凳，够三个人坐，潮湿阴冷。已住进两名犯人，后来又进来两名，挤得连坐的地方都没有。其他牢房更挤。没有床垫，没有毯子，也没有伙食。我很快明白这其实是好事。

身上带着钱的——虽然这样的人不多——可以从一位妇人那里买食物。我买了一些，毫无胃口。我向守卫要条毯子。没有拿到手，这不能怪他们。他们四处去找，才找到一条。这时一位长官发了话："这样的人还想要毯子？伤员才配，他们不配！"这位老长官是监狱里唯一一个为难犯人的，坚信都没抓错，而民兵守卫对我们这些"法西斯"非常友好。他们很清楚，大多数犯人和法西斯一点关系都没有，不知怎么冒犯了警察，被关了进来。

牢房里有个人极不愿意透露自己的情况，我猜他是个商人。还有一个民兵，在瓜达拉马参加过战斗，说根本不知道为何被捕（事实上，大多数犯人都不知道，包括我自己在内，也有些人深信自己被误抓）。午夜时，这两名犯人都被带出去审问，再没回来。我不认为保卫局会在半夜审问后实施处决；另一方面，去模范监狱的车只有晚上六点和七点两趟。我希望他们已被释放。到了早上，其他犯人说好像情况不乐观。另一个人是个生手工人，像农民，是唯一一个不在乎牢房环境的，靠在墙边不一会儿就打起鼾。问题出在他的工会证件上，在家里被捕，在那两个人之后被叫去审问，又很快回来，说警察告诉他会核查清楚，如果属实，早上就会放了他。第四个人是个活跃的外籍安那其，却与西班牙的著名安那其过从甚密。他无意间看到他的逮捕令，上面写着"由国际纵队处置"。谁都知道国际纵队处决起来毫不拖延，这个安那其猜得出指控罪名。他编辑一份小型安那其报纸，在共产党人中间派发，特别是国际纵队成员。他十分焦虑，越说我越能感同身受。早上他被叫了出去，一会儿就回来了。告诉我说他被释放了，他被错当成了别人。

　　早上守卫也极友善。很多人，特别是巡捕，从前就是工会成员，与突击卫队和国民卫队不同，自己就坐过牢，对我们这些犯人也尽力帮忙。牢房门打开，犯人可以随意走动。院子里阳光明媚，待多久都行。我们或站或坐，聊着天，也和守卫聊。和守卫以"同志"相称，聊政治也行。在守卫换班、长官出现时，我们才赶紧跑回牢房，随后就放出来。守卫没想捞一丁点儿好处。没有人试着塞钱，守卫连递来的烟都不收——在西班牙，递烟再平常不过，已是一种礼貌行为。无论长官在不在，他们都不收看起来像是贿赂的东西。守卫这样友好，却无可回报，只能道声感谢。仅凭个人经历不足以下结论，在其他监狱待过的朋友都说看管犯人时或更加严格，但对待犯人也都很礼貌。至少在我这座监狱，折磨犯人这个想法显得很可笑（报纸却总出现此类报道）。很容易了解一下究竟是哪些人被抓了进来。没有一个"资产阶级"或贵族。有一两个做小生意的。大多是贫民，还有工人。我的牢房在一楼，后面还有三间。其中一间关着的人难以辨认职业，从衣着可以看出并不富裕———一位老妇，身边有一位较年轻的女人陪同，是盲人，一条腿瘸。相邻牢房关着两户大家庭，都是祖孙三代。看起来生活好些，有时也开开玩笑。最远那间牢房里有八个男人，看得出是农民，生手工人。向这些人询问为什么被抓无疑是白费工夫。大多数人都不知道，也可能装作不知道。我得知犯人顶多被关三天，到那时还没被释放的话，就会转到正规监狱。但有些犯人已经待了四十八小时，仍没有审问。

守卫这么友好，长官又不太管事，有计划可以顺利进行。因为不供应伙食，犯人当然要联系家人，给自己送饭。食物要经过检查，但允许直接送到犯人手上。这是捎信的好办法。早上七点，工人的妻子来了。她泪流满面，以为丈夫已经死了，只能见到一具尸体，她紧紧拥抱他，不肯松手。我安慰她不必担心，她丈夫很快就会释放，顶多再等几小时（果真如此），也请她帮我捎个信。能不能带条毯子来，还有我的大衣？写好的纸条经过巡捕审读，允许传递。很快我就有了毯子，所有朋友都知道了我被捕的事，知道被关在哪里。我放心了，他们一定会帮我。

我告诉他们去我的住处，把我在瓦伦西亚写好的那部分文稿立刻销毁，就在桌子上。警察随时可能去搜查，必须尽快销毁。我还不知道会对我作何指控，也不知道那是否与指控有直接关系，但我十分肯定如果警察拿到了文稿，坐牢时间会大大延长。我一直想把它们转移，不想零散拆开，想等完成一整章节时再说。恰恰是在我被捕那天，我完成了写作，本想次日早晨就全部转移。虽然提心吊胆，但我觉得并非死路一条。我已见过不少西班牙人，我敢说他们不会那么按时行动。如果是在下午把我带到长官那里，情形就会完全不同。他们没有那么做，直到深夜才得知我的地址——不知道我从马拉加返回瓦伦西亚后换了一家旅馆住，仍去我之前住的旅馆抓捕，无功而返。在街上无意间遇到我，在现住所附近。所以不可能马上搜查我的屋子，除非随后就知道了我现在住哪儿。他们直到晚上九点才知道。那时我明白危险已经过去了，因为负责人已经回家了。我也知道西班牙长官不想多处理公务，能躲一件是一件。他上午十点才会来办公室，最早也得九点。更不会来了就急着处理前一天的事，对此我十分肯定——直到下午四点，我才被叫去审问。而早上八点，一位朋友已得到消息，约半小时后，到达我的住处。我本来是让他销毁文稿，但他觉得把在现场采集的第一手观感销毁太可惜。他决定把它藏好。这需要多少勇气。搜查令很可能已下达，房子已处于监视中，出入房屋的人——还带着文稿——会当场被捕。罪过甚至大过我。

几小时后，我得知手稿安全了，朋友们也在努力救我出去。一切还算顺利。下午，我终于被带去审问——一名持枪守卫坐在我身后，三名前革命时期的警察官员坐在我面前。我明白了是唯一看过文稿的人，我的英国籍秘书告发了我。她是共产党员，之前就对我的一些观点有所耳闻，为了接近我才来应聘做秘书。我看到了告发信，把我的文稿说成是极其危险的东西，也提到这一事实：八九月间的观察记录已在英国。警察明白已无法销毁那部分文稿，但至少抓到了人。我向她口述的那些内容恐怕不足以作严重指控的证据（几周前我们就已不再一起工作），至少有一处她在告发信中提到的内容我的手稿里并没有。第二处指控是我对"全部武器交给前线"这句口号的评论，在政党斗争中它所起的作用，她理解错了我的意思。还剩下一项指控，我详细描述了苏联援助所带来的政治影响。如果这算是罪过，那我确实有罪。警察就是这样认为。他们来回传看告发信，一脸严肃，负责人摇着头，对其他人说："太多了。"①

但关键不在多还是少。他们不得不面对的事实是手里没有证据证明什么，除非我肯承认。我礼貌地、毫不含糊地告诉他们，文稿不在这里。都已销毁，我说。他们也很清楚这句话的真实含义是文稿已被藏好。他们可以再关我几天，却不能一直关下去，在没有掌握丝毫证据的情况下。毕竟，我那本书是为一家英国出版商而写。他们决定不再坚持。从我告诉他们文稿消失的那一刻起审问其实就已结束，后来就是走走形式。要说我还担心什么，只担心还得在那阴冷牢房待一夜。一位英国友人愿意作担保，我马上被释放（在这里向他表达由衷的感谢）。

像我这样的经历并不罕见。我在瓦伦西亚又待了几天，和朋友聊天时讲起我的监狱经历。这六位朋友来自不同国家，有几人是记者，为支持政府的报纸工作，另外几人在政府部门做事。只有两人在西班牙生活期间没进过监狱，其中一人觉得自己随时可能被捕，因为一件与反政府完全无关的事。大家说起各自认识的一些人因为一点儿指控就被逮捕，包括一位工人运动领导者，在他自己的国家非常有名。类似种种被当作笑谈，

---

① 原文为西班牙语。

但我能感觉到笑容背后有无尽失望。至于我自己，已无回旋余地。唯一能做的就是离开。朋友都觉得我这次走运，别想下次还能侥幸脱身。于是我订了船票，一艘开往法国塞特港的英国货船。在登船之际才发觉它推迟起程，我不得不在港口多住至少三天。行程虽被打乱，却有意外发现。在讲述这段经历之前，我想对恐怖活动作一番总结。

来西班牙之前，我对恐怖活动并未多加留意。到了巴塞罗那，我才发现人人都在谈论，尤其是安那其实施的恐怖活动。有人兴高采烈，有人深恶痛绝。态度不同，所属党派亦不同。在随后的探访中，我逐渐了解到在城镇以及村庄，恐怖活动是开展社会革命最为重要的手段。处决引发了征收活动，也因为害怕被处决，剩下的富人不得不向革命政权表示服从。那种认为安那其能够在加泰罗尼亚获得巨大影响力就是因为实施了恐怖活动的观点是错的。安那其不必大动干戈就可以赢得广大工人的支持。各工人组织在各地清剿政府敌人，只是安那其的清剿最为残酷。似乎可以得出这样的结论，西班牙革命的恐怖活动阶段已经结束。恐怕并非如此。

当然，这取决于如何定义"恐怖活动"。如果是指不经审判就执行大批处决，那么恐怖活动阶段的确早已过去。仅仅从法律或道德角度思考——只关注要维护法律或个人遭受多少折磨——恐怖时期确已结束。但是对社会学家以及政治家而言，无法到此为止。他不仅要问在某时某地是否有"恐怖活动"，还要研究其演变，以及这种演变的社会和政治意义。

在七月、八月以及九月的西班牙所发生的革命恐怖活动可称为"民众恐怖活动",这个指称有双重含义,一指实施恐怖活动的人是民众;二指恐怖活动的牺牲者众多。历史上曾发生过类似事件,如一七九二年发生在巴黎的九月屠杀、一九一八年发生在俄国的屠杀。把一七九二年的巴黎与一九三六年的巴塞罗那作个比较。巴黎的志愿民兵在奔赴前线之前将在押犯人全部处决,巴塞罗那的民兵也这样做了。当时敌人正朝巴黎迫近,革命到了生死存亡的关头,志愿兵实施屠杀,认为这是避免反动势力反扑的最好办法,在自己离开巴黎奔赴前线之前除掉后患。巴塞罗那的情形也如出一辙。巴黎与巴塞罗那的恐怖活动都不是由某个组织(为实施而特意设立的组织)所策划,而是民众的自发行为。当然,政治党派大力支持:在巴黎是丹东及其同党,在俄国是布尔什维克,在西班牙是安那其。但实施恐怖活动的不是这些政党,而是民众。人们可能会因此认为攻击是盲目行为,其实不然。就社会地位而论,他们攻击的那些人是天然的敌人。在俄国、西班牙以及法国,贵族因其是贵族而被杀,神甫因其是神甫而被杀;在俄国和西班牙,资产阶级因其是资产阶级而被杀。民众恐怖活动越是自发行动,就越能达到目的,因为他们了解周围人的政治立场。

　　冷酷实施屠杀、欢呼胜利、程序不合法(其实毫无程序可言),民众恐怖活动令人胆寒,甚至会波及年轻一代。但是正因为民众恐怖活动具有这些特征,它不会是革命阵营内部进行斗争的有效手段。不是参与九月屠杀的民众,而是革命特别法庭把吉伦特派及其他众多参与大革命的人士送上断头台。不是喀琅施塔得的水兵和愤怒的农民，而是"格伯乌"（苏联国家政治保卫局）清除了持不同政见的社会党及共产党人。上述恐怖活动是由少数掌权者控制下的警察机构执行。每一场革命似乎都会经历这种转变，从民众恐怖到警察恐怖。

后一种恐怖活动与前一种有什么区别？处处不同。警察成了实施者，在西班牙，警察队伍经过彻底清肃，又补充进政党成员；亦持效忠态度，效忠于当前的合法政府。警察有权不经审判就实施处决，但这仍是少数行为，不光是普通警察，特图安广场15号的特殊警察也包括在内，不会轻易实施处决。尽管如此，被捕人数却直线攀升。八月，时刻害怕自己会被逮捕乃至处决的人是贵族、神甫、大工厂主、富商和富农；今天，除了为佛朗哥服务的奸细，还包括质疑现行政策的人。我听说一位相识多年的朋友遭到严重威胁。他一直秉持社会主义信念，和托派完全无关，只因为曾提过反对意见。和我关在同一间牢房的那位安那其也十分惶恐，他编辑了一份报纸，在共产党人中间派发。这不是神经过敏，尽管他其实并无过错。另一个人，仅仅因为对国际纵队的组织形式提了些意见（我觉得他的意见有道理，是为共和政府着想才提），就不得不使尽各种花招来躲避迫害，逃离西班牙。而国际纵队的政治代表认为离开纵队去别处任职的都是叛逃者，理应受到严惩。

人们可能会把这样的政权比作宗教法庭，其实并不准确。中世纪的天主教会在诸多教义中择选若干作为"教旨"，谁对这些教旨表示怀疑，都会被视为"异端"，加以迫害。谁是异端一目了然。人们仍可以思考、写作那些并非完全正统却也不属异端的教义。在整个中世纪天主教历史中有许多神学争论，涉及面广，并且追根问底，大多顺利进行，宗教法庭没有干涉；无论现实生活还是艺术，都不乏与天主教苦修相背的精神趋势。而极权国家的目标正相反，要求实际生活与思想的方方面面都要完全与国家相一致。大众恐怖在其他许多方面都与宗教法庭迥异，在这一点上与其十分类似。民众针对的是政权的敌人，并不关注阵营内部的分歧者。因此，实施民众恐怖活动的革命阶段也是思想自由的时期。而在极权警察出现的地方，不论智识还是艺术（或笼统谓之创造力）终将萎缩。看到处决人数有所减少人人都松口气——墨索里尼和希特勒都夸耀实施的革命流血代价之小——曾是民众恐怖活动的目标人群更会格外感激。然而文明注定萎缩，不仅因为对表达思想做出种种限制——这通常有充分理由，更是因为但凡思想都要遵循命令而行。

而且，像在西班牙内战这样的战争中，没有组织可以独立于民众的由衷支持而继续存活。警察采取恐怖手段，对共和政府阵营而言到底是利是弊，目前尚不明了；他们在打消民众参与的热望——那只能在自由氛围中生发。

离开西班牙

周末这几天船一直停泊在港口外的中立海域内。这是"不干涉"委员会禁止志愿者参战正式生效的第一天。人人都觉得敌人会来攻击。却没发生。到了星期一，船又返回港口，觉得危险已经过去。凌晨两点半，我被几乎同时坠落的五枚炸弹发出的轰响惊醒，船舱玻璃剧烈震动。我冲到甲板上，才发现这不是常见的海上炮击，而是空袭——瓦伦西亚经历的头一场空袭。毫无防备。港口架着三台高射炮，如同摆设——无侦察机护航的轰炸机旁若无人地循目标驶去。港口内的一座建筑被一枚燃烧弹击中，冒起大火，离我们这艘船约五六百英尺远。飞机飞走，我拿出怀表。二十二分钟后，消防队才赶到。空袭警报解除的鸣笛正回响之际，轰炸机回来了（抑或是另一架），高射炮依然毫无反应。这一次炸弹落入海里，离我们的船更远。我们都觉得飞机没能瞄准目标。几小时后我们得知，轰炸目标是一艘油轮——只偏了几码远。如果炸中，整个港口都将陷入火海。而高射炮击中"皇家橡树"号，停泊在中立海域的英国军舰，伤及包括指挥官在内的四名军官和一名水兵。

我返回舱内，继续睡觉。七点十五分，传来巨响。天已大亮，轰炸机清晰可见，仍无侦察机护航，缓缓驶来，朝着远处港口地区的几处目标随意投弹。半小时后，飞机又回来了！这一次，不光是高射炮，停泊在港口内的两艘驱逐舰也加入战斗。高射炮、舰炮轰响。轰炸机毫发无损，投光所有炸弹后离去。

上午十点半，搬运工来到船上，比平日迟了一个半小时，害怕空袭再来。他们嘲笑那些保持中立者，一晚没见就有不少船躲进了中立区，胆子真小。难道外国人就该待在原地挨炸来显示自己"英勇"？我和一位安那其运输工人交谈了一会儿，他先前在特鲁埃尔战斗过。他对外国人的评价更差。由这些胆小鬼联想到自己在特鲁埃尔的见闻，一名德国指挥官因通敌被枪决，最后总结道："等战争结束，我们就把所有外国人赶走。"这竟然是从一个活跃的安那其口中说出。在去年八月可听不到这种话。不止他一人这样想，一个颇有教养的西班牙人，和我在穆尔西亚一同见到那支由德国难民组成的分遣队，后来说道："我不喜欢这些德国人。""为什么？""因为他们今天站在我们这边，明天就会跟着佛朗哥。"如此轻飘的回答。我强压怒火，没去反驳——敌人的每一次进攻都势如破竹，每一次都是国际纵队力挽狂澜。

对外国人的厌恶是我从西班牙人口中听到的最后一句话。在离开之际，我体会到海上封锁之严。船驶了两小时，瓦伦西亚还在视野之内。一艘大型战列舰，"加那利群岛"号或是"巴利阿里群岛"号发现了我们。它改变航线，不一会儿就赶了上来，打开巨大的探照灯，发现我们是英国人。一边并肩航行一边盘问，从哪里来，到哪里去，船上装了什么货物等等，小口径炮对着我们。盘问结束，调头返回。昨晚，一艘从阿利坎特至毕尔巴鄂的西班牙轮船被拦下，满载货物以及乘客，带到梅利利亚港①。恐怕会有人遭殃。没有叛军舰船的默许，任何船只都不能顺利离开。如果说商船往来不受阻拦，那是因为叛军不得不礼让英国、北欧诸国以及荷兰国旗。礼让也是相对的。次日下午，我们在正常航行中，遇到一架叛军飞机，贴海面飞行。不光是想惹人厌，也在告诉我们正被密切监视。飞机一个急转，盘旋，倾斜机身，似准备投弹。在最后一刻恢复水平位置，又紧贴船尾飞行。威胁意图十分明显。

那一晚，我见到两盏灯。一直实行灯火管制，连灯塔也不例外，我已习惯黑夜。一盏是布港的灯，标示西班牙水域入口，另一盏是法国旺德尔港的灯塔。我们正在离开西班牙的土地，离开战争。我望着那两盏灯。和许多外国人一样，我被抗争深深吸引。不为那些政治纷争，而是为这个国家本身，为生活在这里的人（除了少数政客），越了解越产生深厚的爱。已有不止一位朋友长眠于此。其他人会不会遭遇不测？我还能再见到他们吗？怎样才能再见？从今往后，我只能远远观望。次日一早，即二月二十五日，抵达法国塞特港。人们一脸安详，仿佛南边数英里外的地方并没有战争，也从未发生过战争。

---

① 西班牙在北非的一块飞地，位于摩洛哥北部，濒临地中海。

四

瓜达拉哈拉战役

第二次西班牙之行所采集的印象有多少与后续发展相符，多少矛盾？马拉加沦陷、马德里前线南翼也遭突破，西班牙革命又会发生哪些演变？我已没有机会去现场观察，只能凭借间接得来的消息（可靠性经证实）来推理。新闻报道的某些事实看上去明白无误，却与许多人的所见所闻不符。双方阵营均对新闻实行严格审查，国际形势也十分紧张之际，新闻报道极不可信；仅在报纸上刊登而无法证实的消息我不予采纳。

有两点确凿事实：一，叛军攻势减弱，政府军抓住时机，在阿尔梅里亚西侧集结军队，击退其进一步进攻；马德里前线南翼也类似，叛军在哈拉马取得突破，却没能攻下马德里。在整个二月，叛军没有取得实质性胜利。二，叛军拟在二月登陆萨贡托的作战计划——为切断瓦伦西亚同巴塞罗那的联系，内战也会因此迎来一决胜负的关键时刻——没有如期实施。筹备进攻的消息确切，没有如期实施，一定是佛朗哥的计划有所改变。

此时此刻，难以揣测敌人究竟为何放弃此作战计划。海岸几无防卫可言,总不能把精良部队从关键战场撤出,派到还不见敌人踪影的地方。国际纵队至少要花二十四至四十八小时才能到达,敌人可以好好利用这段时间。一旦登陆成功,瓦伦西亚亦岌岌可危。

军事行动上解释不通,或许应从政治上找原因。行动会从马略卡岛开始,那里仅有少数西班牙士兵驻守。往岛上派增援部队十分困难。马拉加、科尔多瓦和马德里的叛军部队正深陷激战。特鲁埃尔的兵力计划从西面展开攻击。只有萨拉戈萨前线可能匀出一些兵力,怎么运送也是难题——只能依靠意大利帮援。这等于是向全世界宣告马略卡岛属意大利所有,而英国和法国在马略卡有更要紧的战略利益,贸然行动恐怕会引来国际纠纷。

到目前为止,德意两国的介入仍处在试验阶段。这一作战计划也是试验之一。一月,德国首次明确表示想占领西属摩洛哥,英法两国激烈反对,这意味着墨索里尼不能再打类似主意。佛朗哥的计划一拖再拖,迟迟不能定夺;在西班牙,有计划就会有拖延,除非异常高压临头。

我不妄称已获得确凿事实支持以上阐述。这仅是在我看来最有可能的情形。还有一个确凿事实。到了二月末,叛军在莫特里尔陷入僵持,马德里至瓦伦西亚这段公路久攻不下,佛朗哥迫切需要外国援助。援助没在萨贡托,而是在瓜达拉哈拉——马德里前线北角落地。要想理解这一援助的重要意义,首先得意识到想象中的外国援助与实际情形出入极大。人们普遍觉得有成千上万的德意士兵参与激战，实际上只有飞行中队、高射炮炮手、野战炮兵以及坦克兵等投入战斗。有传闻说（有一定可信度），数以千计的意大利人，或许还有德国人在后方待命，随时可以投入战斗。自一月以来叛军取得的每一场胜利都少不了德军和意军的参与。面对敌人首轮进攻马拉加、袭击埃斯科里亚尔（Escorial）以及哈拉马，政府军进行了反攻，取得一定战果。俘获一批西班牙战俘，其中不见一个德国人或意大利人；敌人再度进攻马拉加，决定性的战斗，政府军没有反攻，无法判断此役是否有德意步兵参与。整体而言，三月之前并无精锐步兵部队投入战斗。偶尔有少数德意士兵出现，参与为期仅一两天的突袭行动。从军事角度看，这极其反常，但是别忘了，各个法西斯政治派别与德意军队之间存在意见分歧；德国人和意大利人也猜忌不断，争斗激烈；佛朗哥手下的指挥官极其反感外国人指手画脚。

瓜达哈拉拉战役不同，这一次，意大利步兵实实在在参与了战斗。出现了意大利战俘，不仅仅在新闻简稿里，也出现在马德里街头，而且人数相当多。如果政府军这次胜利像前述几地一样微薄，意大利战俘也会少得多，但不管怎样都会出现，然而完全见不到外籍战俘，只能得出在此之前外籍参战士兵本来也不多的结论。

从新闻报道中可知：意大利部队头一次在西班牙作战，立即被打得落花流水，比佛朗哥的西班牙士兵或摩尔人还经不起攻击。为何会有如此反差？

首先要问，这到底是什么部队？据可靠信息（与官报发布有出入），不是常规军，也不是法西斯民兵，至少绝大多数不是。这与墨索里尼先生的宣传相矛盾，他一直反复颂扬意大利军队在西班牙的辉煌战绩。确实有很多意大利飞行员、坦克指挥官以及其他兵种参与作战，还有部队驻守后方待命，军事介入是毋庸置疑的事实。那么为何不对此进行一番大肆宣传？这样的宣传挑不出毛病。意大利说佛朗哥的胜利全是自己的功劳，是的，没错，佛朗哥阵营不会公开提出异议。胜负尚未分明，意大利军队的勇猛已传遍全世界。

意大利步兵参与了瓜达拉哈拉战役，这些步兵却既不属于常规军，也不是民兵。大部分是为奔赴阿比西尼亚（今埃塞俄比亚）的志愿兵，直至起程之时都不知道要被派去西班牙。这些志愿兵也不是为参战而征召，而是要参与志愿劳工团，也才组建不久。尽管这些士兵（至少是大多数）有过服役经历，却算不上正规军，只因要派去西班牙才组建起来。马拉加战役最后几天，在加的斯登陆，但没参与攻占马拉加的行动。不难想象，多为意大利南部农民（这些信息都来自战俘随身携带的证件——没有像往常那样枪毙所有战俘，才能获知这些宝贵信息）。

到底有多少人参战？瓦伦西亚发出的消息称有五六个师，一味褒扬政府军战绩。一位细心的观察者更令人信服，他说有两个师实际参战，另有一支在后方待命，在最后关头也全部参与。所谓的师每支由约三千人组成，两翼各被一支西班牙师保护。因此有九千名意大利士兵、六千名西班牙士兵参战。政府军只有两千至三千人的部队应战。侦察仍然糟糕，袭击来得突然，兵力占优，还有炮兵和坦克作后援，政府军防线顷刻溃散。

首战告捷，意大利人得意忘形。这就像在阿比西尼亚，取得最终胜利已如探囊取物。指挥官认为四天之内即可攻占马德里，也这样传达给了部下。抛开防御，一味突进，完全不考虑在侧翼部署兵力协防。战果微薄，这是相对战场而言：二十英里长的前线，突进过程中还在不断变长。他们还把增援部队聚集在大路上，军事参谋跟着一起冲锋。处处与合理战术相悖，疯狂至极。如果说佛朗哥是见好就收，这些意大利人至少试着乘胜追击，虽然前方已无对手挡路。

在十二小时内，五支部队奔赴瓜达拉哈拉。到了生死存亡的关头。这五支部队中有两支国际志愿兵，主要由德国人和意大利人组成，即台尔曼营和加里波第营，作战能力远胜普通外籍志愿兵。多是难民，无处可回，已把性命交给这片土地。在无有效后援支持的情形下，一支德国机枪连，立即投入战斗，不畏牺牲，成功阻击意大利人。另外三支部队中有一支由巴斯克人组成，作战能力远在普通西班牙士兵之上，另两支是第五军团的精锐力量。德国人想一雪在国内任由希特勒节节挺进、不战而逃的耻辱；意大利人想不到还能有这么一天，在流亡十年之后，可以手握武器，与法西斯军队决一死战。政治凝聚力依然对军队战斗力有强烈影响，隶属第五军团的两支部队，士兵几乎全是共产党员，士气极其高昂。经此一役，共产党人撤回了解散政党部队的口号。

突进中的意大利人这才慢了下来，左翼遭受攻击，一下子大乱。而关键一着是苏联飞机的到来。一百二十架飞机，包括轰炸机和侦察机，开始轰炸集结在大路上的部队（所有人都毫无防备）。在数月交战中，苏联侦察机的表现胜过意大利侦察机，也略胜德国侦察机；而意大利轰炸机在速度和投弹精准上都表现优异，仅凭瓜达拉哈拉一战不足以推翻这个判断。这场规模最大的空战显示了侦察是决定性因素。有了侦察机的有效掩护，轰炸机命中率会大幅提高。这使敌人吃尽苦头。轰炸持续了两小时，前线溃散，没有人还想抵抗。由此可见，这些士兵的作战经历其实有限，没经历过空袭。见到炸弹落下只想跑，就像八九月时的西班牙民兵。轰炸结束后，地面截击才发挥作用。逃跑中的意大利士兵被活捉，只能任凭对方处置。轰炸决定了胜负，政府军收复失地，兵力有限，无法向前推进。

经此一战，战争面貌起了变化，也带来了新问题。所引起的方方面面的影响都值得讨论。首先，不能断言意大利人下次还会逃跑。这场胜利包含不少偶然因素。意大利人过早放松警惕，经历这样一次教训，不会再犯同样错误。而且这支队伍作战能力极其有限，不能拿来比拟常规军队或法西斯民兵的作战能力。指挥官认为这些意大利士兵足以应敌，却被人数少得多的军队打败（政府军一支旅平均仅两千人）。还有逃兵，也已累积到一定数目。截至目前已捕获约一千名战俘（数目无法查证），大多数人都说是自愿投降。双方都有处决战俘的习惯，"自愿"恐怕不能完全当实话听。但是在胜负已定之时，确实有大批士兵溃逃。他们十分愤怒，一直以为是去阿比西尼亚工作，谁知被派到西班牙来送死；山地酷寒，他们不想冻死，据说一路高唱《红旗》(Bandiera Rossa)，走到这边来。逃兵里有少数是社会主义组织成员，在法西斯狂潮席卷之前。把上述种种事实考虑在内，瓜达拉哈拉战役无法彰显意大利军队的勇猛，倒是体现了南部农民的所思所想。征服阿比西尼亚的宣传价值似乎没那么重大。

我们不分析上述事实会如何影响意大利，也不讨论可能产生的国际影响（墨索里尼的宣传攻势只会愈发凌厉），我们集中分析佛朗哥阵营会作何应对。

因为对手犯下愚蠢错误，佛朗哥才走到今天。节节挺进，直到托莱多才遇到抵抗，后来又攻抵马德里郊外，因为共和党或社会党人均无法组建军队。他所遇到的头一支有组织的抵抗就是在十一月八日的马德里。马拉加不费吹灰之力被攻占，因为那里毫无抵抗可言。但凡遇到正经抵抗，佛朗哥部队就得停下。哪怕是几个营的兵力，却能像正规军那样组织起来协同作战，就能取得佛朗哥那样的胜利。只要共和政府兵力占优，就足以对付佛朗哥。这个任务不难达成，时间站在共和政府这边，后备兵力充足，而佛朗哥没有。他始终不曾动用后备军，如今才决定试一试。在瓜达拉哈拉参战的两支西班牙师大部分由新兵组成。逃兵更多，不是农民，而是工人和农场工人，他们憎恨佛朗哥。佛朗哥的兵力只会损耗，不见增加，无异于坐以待毙；迫切需要更多外国军事援助。一时间悲观论调蔓延，一如二月时的政府军。

由此下最终结论为时尚早。守易攻难。政府军已具备防守能力，却仍缺乏进攻能力。所奉行的政策也阻碍着政府军能够发起一场有效进攻。政治演变决定战争走势，这在每一次革命中都可看到。如今又有哪些演变？

就所能获知的信息而言，在最近几周，共产党人的突进受阻。有两个重要事件：克莱伯将军消失；苏联大使罗森伯格被召回。

克莱伯将军是马德里前线的实际总司令，匈牙利人，在苏联服役多年，他的消失是一月底发生的事。突然有一天，他不仅不再履行指挥职责，而是彻底消失，藏匿某处，躲避部下的报复。外媒纷纷刊发他在马拉加被敌军活捉的消息，这并不属实，我见过他（尽管没机会和他说话）。要藏匿自己这一事实本身极具意义。马德里前线是唯一一处政府军能够击退敌人有力进攻的前线，就指挥而言，从十一月到一月所取得的大多数胜利都要归功于他。军事组织也多由第五军团的将军统领，如"卡洛斯·康特雷拉斯"（Carlos Contreras）和李斯特（Lister）。随后发生的事与其说反映了西班牙内战，不如说反映了西班牙政治的特征。

一连串阴谋暗算——把它们理顺非我所能——在马德里防务委员会中酝酿。克莱伯又是位直来直去的军人，对这些惯使谋略的政客毫无办法。连友人都承认他不会耍心机。这持续了很长一段时间，冲突纯粹是个人行为，人们都认为其对手提出的政治非议不过是了结私怨的借口。但是后来发生的事，尤其是罗森伯格被撤职，使克莱伯事件有了更深一层含义。

克莱伯事件主要引起两点争议：其一具有关键的军事意义，克莱伯主张政府军乘胜发起主攻，而反对者认为时机还不成熟。这个关键时刻到底该攻还是该防并不是争论焦点。矛盾出在宣传上。克莱伯将军指挥有方以及骁勇善战的国际纵队被四处广播，对名义上的总司令、防务委员会的主席米亚哈将军，以及西班牙民兵只字未提。米亚哈十分恼火。宣传确是基于事实的宣传，比普通宣传有力得多。自始至终都是克莱伯和国际纵队挽救着马德里。但重点不在这里。米亚哈希望自己和自己的西班牙部下得到应有的关注。如果仅仅是他一个人在恼火也不算什么，各路政党利用了米亚哈的愤怒，尤其是安那其。复仇的机会来了，为了在加泰罗尼亚、瓦伦西亚的惨重伤亡，以及塔兰孔屠杀、韦尔塔（Huerta）屠杀、特鲁埃尔前线等数不胜数的屠杀。哪怕报复行动会严重打击马德里前线的战斗力也在所不惜。安那其坚定地站在米亚哈这边，反对克莱伯和国际纵队。他们怀疑克莱伯，威望日益高涨的克莱伯终有一天会发动政变。这种猜测并非毫无根据。在一月下旬至二月上旬，确有向着政变发展的趋势（官方称为内阁危机），克莱伯和国际纵队不可能置身事外。自苏联给予援助以来，埋伏在深处的悲剧性矛盾变得十分明显：不干涉克莱伯，让他和国际纵队按己意行事，保卫马德里不在话下，更有可能扭转战局，占据主动发动进攻，同时这也意味着一场政变，发生几率不小，不仅仅针对安那其。没有多少犹豫，安那其就站到米亚哈一边。

安那其的举动并不令人意外。只按自己好恶行事的米亚哈喜迎安那其的支持。令人意外的是安那其的宿敌，社会党人和共和党人也站到安那其一边。一时间，各路政党团结一致，反对克莱伯和国际纵队。卡瓦耶罗仍是活跃力量，鼎力支持米亚哈，而共和党领导人也表明类似态度。全世界都会以为西班牙是被外国人救了，起码的尊严都荡然无存。决策权应该由西班牙人掌握，胜利的荣耀也应归西班牙人自己。个人嫉妒与民族情感压过了对安那其的憎恶、终结社会革命的念头，连赢得战争的渴望也被搁在一边。

这件事只是得到表面解决。只从军事角度论，国际纵队可以随心所欲，比如开赴瓦伦西亚，宣布占领，任命指挥官和政府。但此刻不是如此行动的时机。赢得战争的将军可以这么做，在一场结果尚未明确的危机中则不行。共产党人发动政变，针对社会党人和共和党人，只意味着把胜利送给佛朗哥。他们不想这么做。他们放弃克莱伯，让他自己去对付，逃脱极难。安那其的即时目的达到了。

如果消息来源可靠，可以得出的结论是，在马拉加陷落之后，局势起了深刻变化，各路势力趋于联合。联合并非因为马拉加沦陷。共产党人缺乏力量推动改组政府，在马拉加陷落之前（不是之后）就摒弃了这个想法。像从前那样继续援助，继续施加影响的谈判没有达到预期目的，大使罗森伯格也因此被撤职。以有限援助换得黄金和政治特权的时期结束了。

影响也波及其他政党。社会党人觉得力气又回来了，虽然本身势力薄弱，但始终领导着劳工总会。在这场危机中，他们勇于提出自己的主张，积极实行，重获一定自信。共产党人与安那其之间达成某种休战协定。这并不是说他们不再憎恨，不再积蓄力量准备最后一战，但眼下双方意识到与佛朗哥的战争更重要。

这也带来瓜达拉哈拉的胜利。原本瘫痪的政府恢复运作。出台有效措施缓和煤荒和油荒。火车恢复运行（在二月中旬每一个乘坐布港至瓦伦西亚的这条线路的记者都满腹苦水，而现在巴塞罗那至瓦伦西亚只需八小时），瓜达拉哈拉的军事调遣也没有因汽油短缺受阻。连食品供应也有所改善，尤其是巴塞罗那，随着政治分歧的化解，自治政府正向外国采购食品。

军事指挥官也有大幅调动。克莱伯被撤职之后，一时间无合适继任人选。这也是造成马德里前线南翼哈拉马溃败的原因之一。马拉加沦陷后，阿森西奥将军不再担任国防部总参谋长。马德里的共产党人将自己的外籍军事顾问派给西班牙将军。他们会继续在军事行动上发挥作用，却不能因此也在政治上发号施令。加泰罗尼亚本地军队正在编入政府军。面对意大利的猛攻，防务委员会被授权可采取一切行动进行防御，包括从其他地段调遣军队。或许这是第一次实现了统一指挥，没有人忧心那会对自己不利，伺机破坏。统一指挥赢得了一场胜利。

五

结　论

佛朗哥反叛往往被看成是一场法西斯反叛,诚然,德意法西斯一直是佛朗哥的效仿对象。但凡是独裁政权,都可用"法西斯"来指称。然而这样的泛指会让人忽视不同独裁政权的特异之处。德意法西斯政权意味着:一位"元首"——独裁者;一党制;"极权国家",不止在政治领域施行独裁,更涵盖公共和私人生活的方方面面;任何独立于党外的势力都不允许存在;通过信念灌输和暴力手段,成功获取国民的拥戴;还意味着运用极权在公共生活领域实现更高程度的整合。法西斯主义是迄今为止最强大的"现代化"的政治驱动力。

上述特征都难以在佛朗哥政权中找到对应。佛朗哥能取得这个位置,靠的不是步步为营,打败对手,而是出于偶然。有资格掌权的其他人,如卡尔沃·索特洛、圣胡尔霍、戈代德、普里莫·德里维拉等人都已丧命。乍看上去微不足道,其实差别不小。如普里莫一样,佛朗哥背后没有一个"极权"政党给予支持。长枪党和卡洛斯派(前者分量比后者重得多)都远远称不上是佛朗哥的党。卡洛斯派谋求恢复绝对君主制,自然和长枪党以及佛朗哥相抵牾。还有势单力薄的西班牙复兴党，是以流亡在外的阿方索十三世为首的政党。因此，被划入佛朗哥阵营的一部分人并不是法西斯，而是君主主义者。至少在目前形势下，严重分歧的存在与"一党制"相矛盾。而佛朗哥与名副其实的法西斯政党长枪党之间的积怨亦由来已久。长枪党的报纸会小心回避"元首"这个词，仅以"大元帅"来称呼佛朗哥，言下之意是把他的独裁看作是战时紧急措施。他们要有自己的政治领导人，试图建立一个涵盖各个阶层的政党，尤其想笼络工人群体，取得一些成效，也间接羞辱了佛朗哥。他可不是复兴民族（这是长枪党的目标）的旗手，仅仅是军队小派系的头目（的确没错）。这样一来，佛朗哥阵营几乎无法西斯可言，因为长枪党并不支持他，佛朗哥没有听令于自己的政党。这丝毫没有因他最近促成的合并卡洛斯派与长枪党而改变。合并仅是表面，两党继续秉持各自的政治原则，重要领导人也仍在各自党内任职，和之前一样，拥有各自的追随者。这是一位军事独裁者对他国实施的法西斯一党制所进行的拙劣仿效。一个纯粹的军事独裁，与有广泛民意做基础的法西斯独裁截然不同。佛朗哥政权属于前者。西班牙已眼见普里莫的失败，同样，佛朗哥政权的民意支持也甚少。这是重大缺陷，也使其与真正的法西斯政权相区别开。一直以来佛朗哥都不曾动用后备军，直至兵力严重不足。这些士兵在瓜达拉哈拉战场上一有机会就纷纷落跑。除了纳瓦拉（卡洛斯派据点）、加利西亚部分地区（可算作支持阿方索）和马略卡岛（烟草大王胡安·马驰的专属领地）之外，佛朗哥没有获得其他地区的普遍支持。佛朗哥政权也远非现代政权。一个主要由教会和军队支持的政权不可能现代。尽管有往相反方向努力的举措，佛朗哥政权仍是罗夫莱斯政权的翻版（实施手段更残暴），罗夫莱斯政权又是十九世纪末狼狈倒台的卡诺瓦斯政权的翻版。右翼势力意识到再把从前那群人搬出来无济于事，得引进些新东西，于是找到法西斯这种现代的反动形式来模仿。然而，一个真正的法西斯政权所要做的头一件事就是把军队和教会收入麾下——如德国和意大利——并且扫除一切为前资本主义时代的西班牙上层阶级所珍视的传统。一言以蔽之，想成为真正的法西斯，佛朗哥政权先得摧毁自己。佛朗哥政权仅仅是个保守的军事独裁，一如西班牙历史上出现过的那些。唯一不同是它有外国的支持。战争进程清晰表明，如果抽除外国援助，佛朗哥恐怕时日无多。这种根本上的缺陷使其与看似相像的德意法西斯运动区别开来。

每一个西班牙政党或政府、每一次运动都面临这样的困境：一面是迫使国家进行欧洲化的外部压力，另一面是民众根深蒂固的抵抗。在西班牙各个阶层中，上层阶级对将自己和国家欧洲化最无能为力。佛朗哥拥护的正是上层阶级。一七〇七年和一八〇八年的事态在一九三六年重现；西班牙人民站出来反抗上层阶级，而上层阶级本身是如此孱弱无力。

如果仅仅是这样，很快就会胜负分明；佛朗哥被打败，历经一阵动荡后，民众很可能又归于沉寂。一切恢复如常，没有任何改变。然而还有外国人。如果没有外国人的干预，强制实施一系列措施的话，任何目标都遥不可及，连重整政权都困难。西班牙内战的历史，至少从左翼阵营角度看，是民众自发反抗两个目标的历史，一为对抗教会和军队的反叛，一为反对运用现代武器来平定这场反叛。民众想战斗，并且表现英勇，但是他们想打的是一七〇七年和一八〇八年那样的游击战，一个村庄接一个村庄、一个城镇接一个城镇起义。这已无法实现。

要想充分理解个中含义，首先得理解与其说革命是由理念推动，不如说是现实所迫。这在法国大革命、俄国十月革命等许多革命中都表现得十分明显。比如，布尔什维克能达成既定目标，并非由于几千个知识分子和工人被其政治纲领所鼓舞，又将这纲领散布至为数不多的城市工人中的一小部分人，而是因为人民已饱经战火，渴求和平，布尔什维克能够实现和平。与此类似，西班牙的工人能够掌控局面，并非因为数量有限的安那其，以及人数更少的托派有这样的梦想，而是因为当军队反叛之时，只有工人有能力对抗军队、教会以及大地主，捍卫广大民众的利益。革命每走一步都不是某种宣传或某种抽象理念的鼓动，而是基于现实的紧迫反应。战场上的失败往往会驱使革命左转，因为只有采取非常措施才能重整旗鼓，于是需要激进力量掌权。因此，在英国内战中，国王军战胜了议会军，致使独立派战胜了长老会派；一七九三年三月普奥联军的大胜使得雅各宾派压倒吉伦特派；国将不国的危急形势把布尔什维克推上了位；而共和党人对佛朗哥的进攻毫无招架之力促使革命委员会掌权。必须实现非常措施，激发战斗力。尽管内心充满敌意，较为温和的势力，如共和党、加泰罗尼亚资产阶级、右翼社会党人选择与革命势力联手，因为如果不这样做，佛朗哥就会趁机将其摧毁。这种权宜性联合在每一场革命转折点都能见到。缺乏这种联合的话，激进少数派绝无掌权可能。也正因为如此，危机时刻过去，温和势力缓过这口气，就会着手摆脱激进势力，往往会成功。

西班牙的情形亦类似：自七月十九日之后，出现了"双重政权"。一面是先前的合法政府——马德里政府以及加泰罗尼亚自治政府，没有社会党人和安那其参与，实权也微乎其微；另一面是一个个委员会的成立。起初委员会制度运作得非常顺利，在几乎所有较大城镇，叛军都被击退。随后陷入僵局。这有两方面原因：一，一两周后，叛军得到了外国支援的现代武器，而民兵受不了空袭和炮击；二，民兵可以在自己熟悉的巷子、在自己生活的城镇或村落打游击战，却不习惯被整编成队，在开阔地上与敌人交战。马德里巷战中的英雄到了塔拉韦拉和桑塔欧拉利亚（Santa Eulalia）就成了逃兵。传统的游击战无法转变成现代战争。被整编的民兵丧失了运用其游击战天赋的机会，也没能成为合格的现代士兵。

接下来数月，西班牙革命在"双重政权"下继续。加泰罗尼亚自治政府尚能及时作出反应，马德里的共和党政治家们在那关键的头几周里毫无作为。应该撤下这群人，告别双重政权，成立由革命政党组成的政府，响应革命群众的心声与行动。因此希拉尔被卡瓦耶罗代替，之后安那其也向参与政府靠近。谁都没想到，新政府依然瘫痪，尽管政治理念之激进毋庸置疑。托莱多被敌人攻占，如之前的塔拉韦拉那样毫无抵御之力。政治理念亦无法付诸实践。

事实上，大城镇（毕尔巴鄂只实行了部分征收）早就开始征收工业资产，虽不乏理念的激励，但更常见的情形是工厂主要么逃跑，要么被杀，留下的工厂就由工人管理，这般浪潮现已退却。这样的工厂数目之多，多得超出工人自己或政府有效管理的能力。而且，彻底集体化的举动也易引发西方民主强国的敌意。但是，农村则不同。革命开展得极其缓慢。在某些省份，如拉曼查，农民以及农场工人自发征用大片土地，但在更多省份，农业革命单单是被民兵所推动。如果政府想要一场有广泛民众参与的起义，一场真正的人民战争——亦是击败佛朗哥的唯一办法，就不能在城镇间继续和工业集体化兜圈子，而该切实做好一切该做的，唤起农民参与的热望，佛朗哥终将陷入一个个起义村子的包围。首先必须给予农民实在东西，头一件就得说土地。前述日记显示出这项任务完成得有多差。卡瓦耶罗及其同僚未能仔细考虑，一场革命涉及哪些政治问题，需要如何落实。共产党人奉行莫斯科的命令。托洛茨基派则在重复"制宪会议"之类的照本宣科，是从论述一九〇五年以及一九一七年俄国革命的著作中所摘取。安那其一心想创造废除货币的人间天堂，把整座村庄都集体化。各个政党手握武器，准备击退一场武装袭击（这给欧洲的左翼人士留下无比深刻的印象。在那些国家，连这项相对简单的任务都没能完成），却没有一支政党能够组织抵抗尚不强硬的外国干涉，也没能提出建设性的政治主张。无论是共和政府阵营还是佛朗哥阵营，都难以见到在法国大革命和俄国革命中所展现的活跃的政治创造力。

因此，卡瓦耶罗政府完全失败了。而意大利飞机和德国枪械帮了敌人大忙，在十一月七日攻抵马德里郊外。生死攸关的时刻，苏联的外交政策有了转变。起初苏联并不想卷进来，一连数月拒绝提供任何形式的援助，西班牙失望至极。直到此刻，莫斯科终于意识到，尽管置身事外是不错，马德里左翼力量倒台却并不光彩，如同亚的斯亚贝巴被意大利侵占终究于国联脸上无光。莫斯科伸出援手，可谓及时雨。

外国干涉并非仅仅出现在西班牙战场。法国大革命所面对的敌人凶悍得多，或者说敌人投入强悍得多的兵力来对抗法国。法西斯国家给予佛朗哥的援助极为有限，但对西班牙而言已是太多。普通民兵从未见过这些现代武器，革命委员会也被打个措手不及，在七月至十一月近四个月中，这一边难以适应现代战争。安那其最不能适应。他们一直主张打游击战，工人管理工厂，成立各地委员会。其他政党所标榜的理念都是欧洲的舶来品，事实上与安那其一样难以适应。一方往往把失败归咎于另一方，其实都负有相当责任。

到了十一月，共和国危在旦夕，除非外国予以援助。他们来了，苏联军事专家和共产国际招募的志愿军。他们救了马德里，扭转了时局（至少度过了这一关），同时也使革命形势起了深切变化。

这是个十分关键的现象。之前在英国、法国以及俄国发生的每一场革命都是由温和派统治演进至激进派统治。西班牙起初也循此轨迹发展，即从共和党人转为革命委员会以及卡瓦耶罗内阁掌权。这一左转却成效甚微。如今共产党人力量凸显，这次转变却成效显著。事实证明：左翼社会党人、安那其以及托洛茨基派不是雅各宾派或布尔什维克，无法实施法国或俄国那种强悍的革命专政。正如佛朗哥模仿法西斯一样，左翼政党模仿外国革命传统，也仅得皮毛。双方都各有一支力量拒绝模仿外国——佛朗哥这边是卡洛斯派，共和政府阵营是安那其。西班牙工人运动以及左翼政党有能力战斗，却组织不了有效率的战斗。佛朗哥阵营也是一样。

就此而言，左翼败退不是因为佛朗哥的有力进攻，而是因为不敌德国和意大利的飞机、坦克和大炮。这些援助极为有限，组织稍稍过硬的队伍就能击垮。到目前为止，政府逃过一劫多亏了共产党人，并非因为他们是共产党人，而是因为他们是外国人，训练有素，更富有效率。之前那些革命均是与实力不如自己的敌人作战。比起鲁珀特亲王的骑兵，克伦威尔的铁甲军作战能力更强；法国大革命中的民兵"纵队"胜过了普鲁士的"横队"。这种优势并非一蹴而就，需要一定时间来演进。而西班牙革命的双方力量对比却如此悬殊。假如敌人仅仅是佛朗哥，西班牙革命或许有可能像法国、英国革命那样逐渐发展，占据上风；现实却是西班牙革命不只要对付本国的反动势力，还要对付世界上最强大的军事力量，尽管只是三流部队，兵力也有限。像西班牙这样的国家能够迅速应对这样严酷的考验吗？不能。诚然，本该做出更多努力，比实际所做多得多的努力，事态就会大大不同——不会不同到完全不需要外国援助，却可以减少对援助的依赖，使政府保有谈判的资格，不必一味看外国脸色行事。但不管怎样，都需要外国援助，而且是组织高效、能够与德意抗衡的外国援助。这只能倚靠苏联及其共产国际来提供。为了抗击——并非抗击本国反动势力，而是国际法西斯，西班牙革命必须吁求一支组织高效、可立即参战的力量来帮援。

历史上的反革命活动往往要依靠保守势力的支持，无论武器还是思维观念都较为落后。法西斯的出现改变了这种局面。如今，每一场革命都更可能遭遇最先进武器的攻击。这意味着革命可以循序演进的时代已经结束。

事实就是如此，西班牙左翼力量没能重组政权，又撞上法西斯的介入，共和国处于依附境地，迫切需要外援。前来帮援的国家有着革命的历史；他们认为这是场保卫合法政府的战争。

由此带来多方面影响，需要一一探讨，才能厘清后来较为复杂的演变过程。在西班牙所执行的政策不是出于西班牙本国斗争的需要，而是出于提供援助的国家——苏联的利益考虑。

苏联认为西班牙的当务之急就是赢得战争。说西班牙革命完全被苏联控制并不符实，但它的确被扭曲，如同德意两国对佛朗哥阵营的介入。

在我看来，有相当多措施是合理的。苏联的军事专家和非苏联籍志愿军取得了胜利，不算辉煌，却足以救共和国一命。要求把民兵队伍整编成现代军队，取得一定成效，这很有道理。还要求中央集权，取消各地委员会，这也是必要的战时措施。反对把农民的土地集体化——有本国农业集体化的前车之鉴。停止对工业的全方位集体化，隐患甚多。共产党人所做的都是为了统合力量，打赢战争。以往的革命也是如此。以政权松懈发端，历经艰苦斗争，以集权告终。长期议会冲破了斯图亚特王朝的独断统治，在数年内战之后，却得容忍克伦威尔的独裁。法国大革命起初发起三权分立和地区自治，在数年战争之后，变为罗伯斯庇尔的铁腕政权。集权与纪律是现代生活的基本组成，在危急关头更要发挥作用。安那其却无法理解。那样的话也就不会是西班牙安那其了，因为安那其恰恰代表了抗拒纪律的民众。

影响不止于此。共产党人反对集体化，任何形式的集体化都反对。反对农民土地集体化，更反对把土地分给农民；反对取消货币的天真做法，更反对管控市场，连极易管控的柑橘买卖也不例外。要组建一支警察队伍，更对旧政权警察表示认可；要解散委员会，对各种"无法无天"的民众运动都心存戒备。总之，他们并不需要众声喧哗的热忱，而是代之以统一军事部署和管理。在苏联到来之前，共产党人说："这不是一场无产阶级革命，是资产阶级革命。"这句话只是照搬书本；在苏联到来之后，口号变成："没有革命，这是一场保卫合法政府的战争。"言下之意是把各路革命力量摒除在外。

结果不言而喻。这一政策与民众的切身利益和诉求相抵牾。农民没有得到明确承诺，可以获得土地，却必须上缴征用物资。他们会怎么想？工人没有得到集体化，工资也不见提高，食品价格却见涨，他们会怎么想？主妇手里钱不见多，却没有建立配给制度，食品日益短缺，她们会怎么想？佛朗哥以及从前执政的那些人惹人愤恨，人们不会转投过去，却因此种种情况变得消极。对征兵不抵抗，却也不见志愿兵。农民起义不算多，然而村子的参与热情已明显减退。也发生数起面包骚乱，虽然不多，一股焦虑之情却在每个家庭和排队主妇中弥漫："为什么我们要遭这种罪？究竟与我们何干？"

在这边失去支持，就得在另一边找平衡。从前的公务员、警察以及部分军人，为数众多的小店主、商人、富农以及知识分子愈发活跃。他们无法担当战斗重任，在战场上的表现不会胜过委员会和七月的民兵队伍。民兵打不了现代战争，却不吝惜自我牺牲，满腔热忱，而新近活跃的人群也适应不了现代战争，自我牺牲精神也淡薄得多。新政策为他们提供了庇护。

再和法国大革命作个比较。西班牙共产党人的前半段行动对应着雅各宾派以及罗伯斯庇尔，均实施了革命集权专政，废除了取消货币、剥夺富人等徒有热情的空谈。雅各宾派摒弃了之前当政者犹豫不决、两面讨好的做法，把贵族的土地分给农民。这些农民在比利时战场奋战，并赢得胜利。然而受打压的势力开始联合，热月党人上台。废除权力惊人的革命法庭，取消新闻审查以及个人言论钳制。还废除了对支持革命的阶层有利的非常措施，不再管控市场，不再进行征收（贵族和教会的土地征收除外）。热月党人提倡自由，不论政治还是经济领域，自然赢得不支持雅各宾派的阶层的响应。这些人没参与斗争，却分享胜利果实。

在西班牙这两个阶段同时进行。所建立的专政并非向着革命阶层。如果共和国深深扎根于民众，这样的政策连两周都维持不了；它却能继续下去，因为西班牙人自己的革命没能达成成果。托洛茨基派经常这样抱怨，真该反省一下自己。他们该对这样的局面负责。只顾照本宣科，与民众十分隔膜。安那其和社会党人至少能够赢得民众支持。然而追究某个政党的责任无济于事。倘若托洛茨基派变得贴近现实些，能够赢得民众支持，也就意味着像社会党人和安那其——也并没能将自己的主张推行到底。无论从哪里开始讨论，最终结论都是也许会有另一番发展——除非西班牙不是西班牙。倘若西班牙人的革命足够有力，足以击退现代武器武装的反动势力，苏联援助也就显得多余，就会往另一个方向发展。社会党人和安那其会逐渐融合，形成一个革命政党，有工人和农民的支持，以更人道、更建设性的方式赢得战争，重建政权。这些都是空想。民众团结一心抗击佛朗哥，为的不是建立一个欧洲式国家，如同一七〇七年以及一八〇八年那样，只为抗击外敌。不同之处只在前两次攻击是从外国袭来，本国上层阶级协力，这一次攻击是从国内发起，有外国的强大支持。每一次抵抗都是为"自由"而战，每一次抵抗的诉求都是不受打扰地过回自己的生活。

这诉求埋藏在最深处，难以言表——新闻报道是由受了欧洲式教育的人写就——而是体现在行动上。体现在一八〇八年的农民打赢了游击战，军队长官却无法和惠灵顿将军协同作战。体现在一九三六年七月，民众打赢了巴塞罗那、马德里巷战，却习惯不了开阔地战场。体现在十一月之后，国际纵队的出现并没能激发西班牙人迎头赶上的热情。迫切需要外国人的援助，却无法违心地表示亲近。但西班牙人的反应与美国人、英国人或德国人的直觉不是一路——认为甩掉外国人的方法就是超过他们，至少也得做得一样好。西班牙人完全没有这样的念头。

国际纵队里有些志愿兵参加过一战，但大多数都没有这经历，到现在也不过是在西班牙这陌生环境下有了四五个月的作战经历，在战场上的表现却远胜西班牙普通民兵（巴斯克及阿斯图里亚斯民兵部队除外），原因一目了然，西班牙人不想向外籍志愿兵看齐。军火工业也类似。外籍技术顾问来到西班牙，各种进口矿石原料也十分充足，可都不足以激起武器生产的意愿。想想法国大革命恐怖统治时期造了多少先进军械和火药，最杰出的物理学家和化学家都投身其中！西班牙人不愿欧洲化，宁愿不做这最紧迫的任务。我们需要这些外国人，那么让他们去做吧！听不到有谁这么说，骄傲的西班牙人压根不会承认外国人做什么胜过自己，反感外国人的话却常常能听到。但这不是欧洲意义上的民族主义。我们那炽热的民族主义是现代的产物，属于二十世纪，核心是要比邻国更强，无论经济还是政治上。这种渴求西班牙人无法理解。他并不想把别人击倒在地，或表现得咄咄逼人，仅仅是想不受打扰地过自己的生活。这在克莱伯-罗森伯格事件中体现得尤为明显。共和国会不会因此又面临危险？没关系！连政党领导人也与民众汇成一路，把外籍指挥官撤下是当务之急。

可得结论如下：战争胜负由外国决定，已与西班牙局势演变无关，结果难以预见。眼下，共产主义军队与法西斯军队在西班牙中部首次正面交战，世界史就在人们眼前进行。但有一点可以肯定，西班牙不会变成真正的法西斯国家或共产主义国家，这从内战爆发头几个月的事态发展就能看出。也不会是"议会民主共和国"。这是共产党人的目标。为了实现这一目标，得消灭右翼、托派，合并共和党人、社会党人，只剩安那其这个阻碍。克莱伯事件中断了这一进程。无论战争胜负如何，西班牙都不会成为一个欧洲式国家，它在十七世纪末停止演变，自那以后爆发出对异国入侵的强大抵抗力，却缺乏复兴能力。或许最终会出现一个"自由民主"政权或"法西斯"政权，可都不会是欧洲意义上的"民主"或"法西斯"。

卡洛斯派或安那其亦无胜算。前者始终仅在纳瓦拉地区活跃，安那其则是宗教意味强烈的乌托邦运动，从一开始就显出失败的征兆。安那其拥有强大的战斗力，却缺乏组织能力。不得不放弃反对参政等所有主张，参与内阁，整编自己的民兵队伍……变得愈发不像安那其。

还可以作些什么预测？在一九三〇年之前，实权掌握在将军手里。如果西班牙不愿（或不能）改变现状，如果革命失败，那么在战争结束之时自然会和之前一样：军人执政。不一定是佛朗哥，共和派将军的势力也在崛起。克莱伯的威望已使政党领导人畏惧，但他是外国人，不能也并不想获得政治上的号召力。共和政府阵营能否出现一位战功卓越的西班牙将军，尚待观察。哪怕没有出现这样的将军，只要共和政府获胜，军人仍极有可能掌权。如果佛朗哥获胜，就会是军事独裁，无论对外作何称呼。最终结论就是，共产主义阵营和法西斯阵营会在西班牙决一胜负，而对西班牙人来说，一切仍和从前一样，只是外国干预强硬得多，不是模仿范本，而是一股侵蚀力，作用于西班牙文明。

这种文明不便在此详述；临近尾声，亦值得对西班牙式生活稍作回顾。欧洲人一心崇尚"进步"，被停滞不前的西班牙吓得目瞪口呆，会把这叫作西班牙式低效。如果读者最终得出"这是个不可救药的国家"之类的结论就错了。几乎每一位外国观察者，无论身处哪一方，都感到一种近乎魔力的吸引。不少技术顾问气恼得想一走了之，"随他们去——这些扶不上台面的西班牙人"，却终究没有离开。有人说这是为人类的未来而战；西班牙内战固然重要，但我觉得，西班牙那么吸引人并非因为这是一场重要的战争，而是因为国民品格。在这里，生命还未被效率化，未被机械化；更看重美，而非实际用途；情感重于行为；荣誉高于成功；爱与友谊高于挣钱营生。这是与我们有着历史渊源的文明，却没有加入我们的机械化进程，痴迷于数量，每一样东西都要开掘实用价值。许许多多外国观察者都被吸引（本书作者即是其中之一），这一事实意味着我们的欧洲文明的确在哪里出了问题。"落后"、低效、停滞不前的西班牙人在彰显人的价值上并不输给高效、实际、先进的欧洲人。一个会继续生存，在这动荡世界，熬过军人独裁和异国侵略者；另一个大踏步地进步，进步，朝毁灭而去。